AF358917

MEMOIRE

POUR les Dames Abbesse & Religieuses de l'Abbaye Royale de sainte Colombe en Blandecques, Intimées.

CONTRE Antoine-François Manße sieur de Roquebrune & son Curateur, Appellants.

Et encore contre Robert Baude, Intimé.

UN combat de Fief fait la matiere de la contestation soumise à la decision de la Cour ; deux Seigneurs feodaux prétendent la Mouvance sur une même piece de terre ; la possession & les titres des Religieuses de Blandecques ont parû hors d'atteinte aux premiers Juges dont est appel, il est facile d'en convaincre la Cour.

FAIT.

Robert Baude, l'une des Parties au Procès, est Proprietaire & detempteur d'une piece de terre appellée le Courtil-Fauconnier, entourée de hayes vives, contenant trois quarterons de terre ou environ, scitué au Village de Zoteux.

Les Dames de Blandecques ont la Seigneurie de ce Village qu'elles rapportent sous le nom de Fief de Zoteux, au Baron de Liannes Seigneur Suzerain.

En cette qualité & à cause de ce Fief de Zoteux, elles ont droit de censive sur tous les heritages de ce Village qui sont tous dans leur mouvance, & en particulier *sur le Courtil-Fauconnier*, qui leur paye chaque année huit sols Parisis & une Poule.

Elles sont en possession de percevoir cette censive de temps immemorial, & les Titres qu'elles en rapportent remontent jusqu'en l'année 1520. Elles en ont toûjours jouy paisiblement depuis ce temps-là jusqu'à présent, c'est-à-dire depuis plus de deux siecles.

C'est dans de pareilles circonstances que le 18. Fevrier 1721. le Sieur Manße a fait assigner Robert Baude pour luy payer 29 années d'arrerages de censive, à raison de huit sols Parisis par an, à cause des Immeubles, a-t'il dit, que ledit Baude occupe, relevant dudit Sieur Manße ; il demande par la même assignation la continuation de cette rente & un titre nouvel.

Robert Baude ne se trouvant pas suffisamment instruit de la prétention du sieur Manße par cette assignation, le requis de designer quels étoient les Immeubles qu'il prétendoit relever de luy.

Le 21. Juin 1721. le Sieur Manße a declaré que l'heritage sur lequel il avoit cette censive étoit le Jardin-Fauconnier scis au Zoteux.

Sur le champ Robert Baude luy a répondu que ce Jardin-Fauconnier étoit mouvant & relevant des Dames Religieuses de Blandecques, Seigneurs primitifs de Zoteux, & qu'il leur en avoit passé declaration le 5. Janvier 1704. dont il donne copie ; & sur ce fondement il soutint que le Sieur Manße devoit être debouté de sa demande.

La Cause ayant été portée à l'Audience de la Senechaußée de Boulogne où l'Assignation étoit donnée, il y intervint le 6. Octobre 1721. une premiere Sentence qui ordonna que les Dames Religieuses de Blandecques seroient mises en Cause, ce qui ayant été fait, les Dames de Blandecques demanderent d'être receuës Parties intervenantes & à être maintenuës & gardées dans la possession du droit de Mouvance sur les trois quarterons de terre appellez le Courtil-Fauconnier, & dans la perception de leur censive sur cet heritage.

A

Cette intervention fut reçûë par Sentence du 11. May 1723. qui en même temps appointe les Partyes.

Elles ont refpectivement produit leurs Titres, fur le vû defquels eft intervenu le 4. Août 1723. la Sentence dont eft appel, par laquelle les Religieufes ont été maintenuës & gardées en leur poffeffion du droit de Mouvance fur le Courtil-Fauconnier, en la perception & joüiffance de la cenfive de huit fols Parifis & une Poule par chacun an fur ces heritages; & le Sieur Manffe a été debouté de fa demande.

Appel de fa part en la Cour.

Les Religieufes de Blandecques font en état d'y démontrer que jamais il n'y a eu combat de Fief plus temerairement entrepris, & foûtenu que celuy dans lequel l'Appellant fe plaint d'avoir fuccombé, c'eft ce qu'elles vont faire.

Lorfque deux Seigneurs prétendent la Mouvance fur un même fond, elle doit appartenir à celuy des deux qui rapporte les Titres les plus anciens & en plus grand nombre, à celuy qui prouve mieux l'identité du fond de la Mouvance duquel il s'agit, ou enfin à celuy qui eft en poffeffion depuis au moins trente années.

Le Sieur Manffe n'a ny titre ny poffeffion; les Dames Religieufes de Blandecques ont au contraire Titres & une poffeffion non interrompuë qui remonte jufqu'au commencement du feiziéme fiecle.

Tous les titres que le Sieur Manffe rapporte fous fignature privée, de perfonnes inconnues, la plûpart fans datte & fans fignature, ils ne font point revêtus d'aucune forme probante qui puiffe leur donner la moindre authenticité, ils n'ont d'ailleurs aucune relation, rapport, ny identité avec la piece de terre nommée le Courtil-Fauconnier, de la Mouvance de laquelle il s'agit; par conféquent ils ne peuvent être d'aucun poids pour la décifion de la conteftation.

Les Dames Religieufes de Blandecques fe trouvent au contraire avoir en leur faveur une poffeffion paifible depuis plus de deux fiecles, une foule de Titres qui remontent jufqu'en l'année 1520. Enfin ces Titres défignent tous, fans en excepter un feul, le fond de la Mouvance dont il s'agit, d'une maniere précife & uniforme.

Leurs Titres font de quatre forte: des Comptes, des Ceuilloirs, des Declarations des Tenanciers de l'heritage, des aveux & denombremens rapportez par les Intimez à leur Suzerain.

Par rapport aux Comptes, les Intimez en rapportent dix rendus fucceffivement ou par les Receveurs de l'Abbaye, ou par l'Abbeffe même aux Religieufes.

Tous ces Comptes, dont le premier eft pour l'année 1520. employent au profit de l'Abbaye huit fols Parifis & une Poule de cenfive dûë par le Tenancier y denommé, pour un Courtil contenant trois quartiers de terre ou environ, fcis à Varinqueval, aboutiffant d'un bout au Flegard, &c.

Tous les autres Comptes font pour le même Courtil, contenans trois quarterons ou environ, avec les mêmes tenans & aboutiffans, chargé de huit fols Parifis & une Poule.

Les Ceüilloirs rapportez par les Intimez font au nombre de trois, il y eft précifement marqué que les nommez Loüis Baude & Robert Baude, fucceffivement Tenanciers, doivent aux Intimez, à caufe de leur Terre & Seigneurie de Zoteux Varinqueval, la rente Seigneuriale & fonciere de huit fols Parifis & une Poule par chacun an, pour un Jardin fermé de hayes vives, nommé le Courtil-Fauconnier, contenant trois quarterons ou environ, tenant d'un bout au Flegard, &c.

Les Dames Religieufes de Blandecques joignent à ces trois pieces, trois declarations paffées à leur profit, en qualité de Dame de Zoteux en temps non fufpect par les tenanciers du Courtil-Fauconnier.

La premiere du 18. Janvier 1572. donnée par Pierre Dubois demeurant à Varingueval, Paroiffe de Zoteux à Dame Jacqueline Blondel Abbeffe de Blandecques, à caufe de la Seigneurie de Zoteux & Varingueval conçuë en ces termes.

Item » Je tiens encore de Mefdames un autre jardin enclos de vives hayes, nom-
» mé le Jardin Fauconnier, contenant trois quarterons ou environ, tenant d'une tête
» à Pierre Daverdoing, d'un bout à, &c. d'autre bout au Flegard dudit Varingue-
» val, dont j'en dois à mefdittes Dames par chacun an au terme S. Jean & Noël
» huit fols Parifis & une Poule avec le relief, quand le cas y échet.

La feconde du 8. Janvier 1631. donnée par Robert Baude eft conçûe dans les mêmes termes que la precedente.

La troisième de l'année 1704. qui se trouve au procès dans la production de Robert Baude, actuellement propriétaire & tenancier de l'heritage qui doit cette censive, est mieux faite & detaillée que les precedentes; mais c'est toûjours un jardin fermé de hayes vives, nommé le Courtil-Fauconnier, contenant trois quarterons.

Ainsi depuis 1572. il paroît par ces differents Actes qu'il ny a eu que quatre Possesseurs differents du Courtil-Fauconnier; Pierre Dubois, Loüis Baude, pere de Robert Baude, Robert Baude, & Robert Baude fils actuellement vivant, qui tient l'heritage dont il s'agit.

On rapporte la reconnoissance de ces quatres Particuliers, peut-on une joüissance mieux suivie & une designation plus uniforme?

Passons aux aveux & dénombremens rapportez par les Intimez aux Seigneurs Suzerains Barons de Liannes, on en rapporte deux.

Le premier, du 6. May 1578. rendu au Baron de Liannes par Jacqueline Blondel Abbesse de Blandecques, à cause du Fief que ladite Abbesse a audit lieu Zoteux & Varingueval.

Dans cet aveu l'Abbesse de Blandecques comprend un jardin enclos de hayes vives, nommé le Jardin Fauconnier, contenant trois quarterons ou environ, séant audit Varingueval, tenant d'une liste à Pierre Daverdoing, d'autre, &c. dont Pierre Dubois le tenancier doit aux termes de S. Jean & Noël huit sols Parisis & une poule chaque année avec le relief double, quand le cas y échoit.

Le second du 30. May 1711. rendu au Baron de Lyannes par Christine Carlier, Abbesse de Blandecques, à cause du même Fief.

Cette aveu est en tout semblable au premier, à la reserve que c'est Robert Baude qui est déclaré être le tenancier, comme il l'est en effet.

Tous ces titres en bonne forme établissent parfaitement la mouvance des Intimez sur le Courtil-Fauconnier, ils se soutiennent tous les uns & les autres & ont ensemble une relation intime qui ne laisse pas douter un moment que les Intimez n'ayent eu de tous temps la mouvance de cette piece de terre. Leur ancienneté remonte jusqu'en 1520. le langage en est uniforme pour la designation & l'identité du fond qui fait la question; enfin le nombre met les Intimez en état de prouver leur possession continuelle depuis 1520 jusqu'à present.

Cette possession est un dernier moyen qui écarteroit absolument l'Appellant quand ses Titres seroient les plus anciens & les plus convincants.

C'est un principe certain qu'un Seigneur peut prescrire la mouvance d'un heritage contre un autre Seigneur, & par consequent celui qui prouve qu'il est en joüissance de cette mouvance depuis 30. ans est à couvert de toutes pourfuites de la part de l'autre Seigneur qui ne peut plus y rien prétendre.

Dans notre espece l'Appellant n'a jamais joüy ny par lui ny par ses autheurs de la mouvance sur le Courtil-Fauconnier, aucun des Titres qu'il a rapportez n'y a de relation; mais en lui accordant même pour un moment que tous ses Titres regardent directement cet heritage, les Intimez auroient encore prescrit contre lui.

En effet le Titre le plus recent que rapporte l'Appellant est une pretenduë quittance sous signature privée du 26. Avril 1679. Quand on supposeroit ce Titre aussi bon qu'il est mauvais & inutile à la decision de la cause, il ne seroit pas moins écoulé quarante deux ans depuis le 26 Avril 1679. jusqu'au 18. Février 1711. pendant lesquels les Intimez ont joüy de tous droits de mouvance sur le Courtil-Fauconnier; il ne leur falloit que trente ans pour aquerir la prescription, ainsi quand elles n'auroient que ce seul moyen, il seroit suffisant pour faire confirmer la Sentence dont est Appel.

La joüissance continuelle des Intimez se justifie par dix comptes rendus par les Receveurs de l'Abbaye de Blandecques des années 1520, 1536, 1539, 1545, 1549, 1564, 1565, 1566, 1571, & 1672, par une declaration de Pierre Dubois tenancier de la piece de terre en question de 1572. d'un aveu rendu au Baron de Liannes par les Intimez, le 6. May 1578. un compte pour dix années commençant en . . . . .

Une declaration de Louis Baude & Robert Baude nouveaux tenanciers de 1631. un Ceüilloir pour l'année . . . . une declaration de Robert Baude, fils, de 1704. un aveu rendu à la Baronnie de Liannes par les Intimez le 30. May 1711. enfin deux ceüilloirs, dont un pour l'année 1711. & l'autre pour 1721.

res, celle de 120 liv. par an pour la dotation de la Chapelle de Bref-
ficu, & celle de 100 l. pour la dotation de la Chapelle de Serres ; il
vend aussi le tout franc & quitte des arrerages des mêmes charges,
& des arrerages (ce sont encore les termes de l'acte) *de toutes Censives
dont quelques portions des fonds dépendans desdits Bressieu & Berzin pourroient être chargées, que le Seigneur vendeur a déclaré ne pouvoir exceder la
quantité de six quartaux de grains annuellement.*

Après toutes ces declarations le Comte de Valbelle est chargé du
payement des droits de Lods qui feront dûs à l'occasion de cette vente, & des frais d'investiture & d'hommage.

Le prix de la vente est de 410000 liv. dont 260000 liv. pour les
Terres de Bressieu & de Berzin, & leurs dépendances ; 140000 liv.
pour la Terre & Coseigneurie de Serres, & 10000 liv. de pot de
vin. Ce prix a été delegué à differens Créanciers que le Comte de
Valbelle a payés.

Enfin il est stipulé qu'en cas de trouble ou d'éviction, le Comte
de Suze sera obligé d'un côté de restituer au Comte de Valbelle les
400000 liv. de prix principal, & les 10000 liv. de pot de vin, en
tout ou en partie, proportionnellement aux évictions qui seront
souffertes ; de l'autre, de lui rembourser ses Loyaux-coûts & les re-
parations utiles & necessaires qui auront été par lui faites.

Il n'est pas encore temps d'argumenter, mais il est bon de proposer ici deux réflexions très-simples ; l'une, le Comte de Suze n'a
point declaré que la Terre & Coseigneurie de Serres ne pût être
alienée sans le consentement de l'Abbé de Saint Pierre ; au contraire, il l'a venduë comme étant dans le commerce ordinaire, *avec toutes les clauses translatives de Domaine perpetuellement & irrévocablement* ;
l'autre, le Comte de Suze a vendu les Terres de Bressieu & Berzin comme relevant du Roi pour la septiéme partie seulement ;
& la Terre & Coseigneurie de Serres, comme étant possedée *en pariage* par le Comte de Suze & par l'Abbé de Saint Pierre, & ne mouvant de cet Abbé que pour moitié de la Bannalité des Moulins sous
la redevance de vingt septiers de bled ; il a declaré dans un autre
endroit qu'il pouvoit y avoir quelques autres fonds sujets à des
droits de Censive, mais il a annoncé en même-tems que ces fonds
dépendoient de Bressieu & de Berzin. Il est vrai que par une autre
clause le Comte de Valbelle est chargé du payement des Lods qui seront dûs pour cette vente ; mais cette clause est relative aux declarations qui la précedent : ainsi comme toutes les Terres dont il s'a-
git sont situées en Dauphiné, qui est constamment un païs de Franc-
aleu, l'on conçoit aisement que le Comte de Suze a vendu la Terre
& Coseigneurie de Serres comme libre & allodiale, à l'exeption de
la moitié de la Bannalité des Moulins, qu'il a dit être dans la mouvance de l'Abbé de Saint Pierre. L'on expliquera dans la suite les
consequences qui resultent necessairement de ces deux réflexions.

Le 5 Juin 1725. le Comte de Valbelle s'est présenté à la Chambre
des Comptes de Dauphiné pour y rendre la Foi & Hommage de la
septiéme partie de la Baronnie de Bressieu. Cette Terre étoit originairement

nairement toute allodiale, mais elle eſt devenuë mouvante du Roi pour une ſeptiéme partie, parce que Hugues & Loüis de Breſſieu, qui étoient deux cadets de cette Maiſon, aſſujettirent à l'hommage du Dauphin par Acte du 15 Novembre 1344. leur part dans les biens de leur pere, & en alienerent la Directe que l'on a depuis évaluée à une ſeptiéme partie pour la Terre de Breſſieu ; auſſi par une ſuite du Franc-aleu de Dauphiné, & par cette ſeule raiſon que les titres du Roi ne mettent dans ſa mouvance que cette ſeptiéme partie, la foi & hommage du Comte de Valbelle a été reçuë pour cette même portion, *autre choſe n'apparoiſſant*, ce ſont les termes de l'Acte du 5 Juin 1725. il ſe trouve entierement conforme à celui du 18 Mars 1709. qui contient la Foi & Hommage renduë par le Comte de Suze.

Au reſte, le Comte de Valbelle n'a jamais ſongé à comprendre dans ſon Acte de Foi & Hommage la Terre & Coſeigneurie de Serres comme relevant du Roi ; c'eſt un fait que l'Abbé de Chabannes mal inſtruit avance au hazard, & qu'il faut retrancher de cette affaire.

C'eſt dans cet état que par exploit du 23 Janvier 1725. l'Abbé de Chabannes a fait aſſigner le Comte de Valbelle, pour voir dire que la Coſeigneurie de Serres & ſes dépendances étant dans la mouvance de l'Abbaye de Saint Pierre, ſeroient & demeureroient réünies au Fief prétendu dominant, ſi le Comte de Valbelle n'aimoit mieux obtenir ſon conſentement à l'acquiſition de cette Coſeigneurie, & en conſequence lui en prêter la foi, hommage & reconnoiſſance en la forme des Titres ; comme auſſi lui en payer les Lods avec les interêts.

Le Comte de Valbelle ayant en vertu de ſon Committimus fait renvoyer cette aſſignation aux Requêtes du Palais, il demanda par des exceptions à l'Abbé de Chabannes pluſieurs éclairciſſemens ſur ſa prétention ; mais l'Abbé de Chabannes ne ſe mit pas en peine d'y ſatisfaire.

En faiſant aſſigner le Comte de Valbelle, l'Abbé de Chabannes lui avoit fait donner copie de deux des Titres prétendus juſtificatifs de ſa demande ; ſçavoir, d'une Reconnoiſſance de 1278. & d'une Tranſaction de 1322. & comme cette Tranſaction contenoit une prohibition d'aliener par les Seigneurs de Breſſieu leur Coſeigneurie de Serres ſans le conſentement de l'Abbé de Saint Pierre, ſur laquelle clauſe l'Abbé de Chabannes fondoit ſa demande en commiſe, & ſubſidiairement ſa demande en payement des droits de Lods, le Comte de Valbelle denonça au Comte de Suze la prétention de l'Abbé de Chabannes, & conclud à la réſolution de la vente.

A une demande ſi juſte & ſi raiſonnable le Comte de Suze défendit en diſant, que le Comte de Valbelle n'avoit qu'à payer les droits de Lods, pour obtenir le conſentement de l'Abbé de Chabannes qui le lui offroit à cette condition.

L'on ſent d'abord toute l'illuſion d'une pareille défenſe ; auſſi le Comte de Valbelle ſe crut il en droit de perſeverer dans ſa demande en nullité de la vente ; il y conclut de nouveau par une Requête préciſe du 9 Janvier 1727. & comme la nullité de la vente devoit faire tomber toute la prétention de l'Abbé de Chabannes, le Comte de Valbelle demanda que la Sentence qui interviendroit fût refpectivement declarée commune avec l'Abbé de Chabannes & avec le Comte de Suze.

Dans ces circonftances, l'Abbé de Chabannes & le Comte de Suze ont furpris feparément deux Sentences par défaut le même jour 10 Janvier 1727.

Par celle que l'Abbé de Chabannes a fait rendre, Meſſieurs des Requêtes du Palais lui ont adjugé les conclufions de fon exploit du 23 Janvier 1725. fans s'arrêter à la Requête du Comte de Valbelle du 9 Janvier 1727. par l'autre Sentence le Comte de Valbelle a été debouté de fes demandes contre le Comte de Suze.

Le Comte de Valbelle a interjetté appel de l'une & de l'autre de ces Sentences, & il a établi fes moyens d'appel par une premiere piece d'écritures à laquelle le Comte de Suze ne prend pas la peine de répondre.

A l'égard de l'Abbé de Chabannes, il a fait fignifier une piece d'écritures intitulée, *Réponfes à caufes d'appel*, & il a produit à trois differentes reprifes tous les titres fur lefquels il fonde fa prétention.

Il s'agit donc aujourd'hui de fournir de Salvations & de Contredits contre les productions principale & nouvelles de l'Abbé de Chabannes, & de fatisfaire en même temps au Reglement qui eft intervenu fur une derniere Requête prefentée par le Comte de Valbelle, & qui renferme les conclufions ci-deſſus expliquées.

Pour remplir tous ces objets, le Comte de Valbelle commencera par difcuter les titres de l'Abbé de Chabannes fuivant l'ordre de leurs dattes ; enfuite il partagera tous fes moyens en deux propofitions.

Dans la premiere, il prouvera que les titres qu'on lui oppofe font prefcrits & caducs ; qu'ils font prefcrits, parce que depuis le dernier titre jufques à la demande de l'Abbé de Chabannes, il s'eft écoulé beaucoup plus de cent années, pendant lefquelles il n'y a eu aucune reconnoiſſance du prétendu Fief en queftion ; d'où il fuit que tel que foit ce Fief la liberté en eft acquife par la prefcription centenaire, qui a conftamment lieu dans la Province de Dauphiné ; que les mêmes titres font devenus caducs, parce qu'un Abbé de Saint Pierre y a lui-même contrevenu, & a mis lui & fes fucceſſeurs dans l'impoſſibilité de remplir leurs engagemens ; d'où il fuit que les Seigneurs de Breſſieu doivent demeurer affranchis de ceux qu'ils ont contracté de leur part.

Le Comte de Valbelle fera voir dans la feconde propofition, que ceſſant la prefcription & la caducité des mêmes titres, la prétention de l'Abbé de Chabannes feroit également infoutenable, foit parce qu'il feroit indifpenfable de prononcer la nullité de la vente dont il s'agit, ce qui feroit tomber toutes les demandes de l'Abbé de Chabannes, foit parce qu'en effet fa prétention eft détruite par les titres même qu'il y fait fervir de fondement, & qui ne pourroient conftituer qu'un fimple Fief de devotion fans aucun hommage, & fans aucuns droits Seigneuriaux.

Examen des titres produits par l'Abbé de Chabannes dans ses productions principale & nouvelles suivant l'ordre de leurs dates.

L'Abbé de Chabannes fait dans ses réponses à causes d'appel une observation préliminaire qu'il est bon de relever ; il allegue comme un fait important que son Abbaye est recommandable par son ancienneté ; & il ajoute que la Seigneurie de Serres a de tout temps appartenu à cette Abbaye qui en a concedé la moitié aux Seigneurs de Bressieu, à la charge de la tenir en Fief des Abbés de Saint Pierre & de garder le Prieuré de Serres.

Le Comte de Valbelle ne conteste point l'ancienneté de l'Abbaye de Saint Pierre ; mais ce premier fait détruit le second ; car il est certain que dans les temps éloignés où cette Eglise a pris naissance les Moines ne possedoient ni Justice, ni Seigneuries, ni autres biens de cette nature ; si donc l'Abbaye dont il s'agit est aujourd'hui en possession de tous les droits qui lui appartiennent à Serres, il faut convenir qu'elle en est redevable aux liberalités que des Seigneurs lui ont faites dans la suite : Mais il ne s'en trouvera point qui ayent été plus en état & plus à portée d'exercer de pareilles liberalités envers l'Abbaye de Saint Pierre que les Seigneurs de Bressieu, puisque ces Seigneurs qui possedent la troisiéme Baronnie du Dauphiné, étoient autrefois Souverains dans leurs Terres : Si donc la Coseigneurie de Serres appartient en commun à l'Abbé de Saint Pierre, & aux Seigneurs de Bressieu, il est bien plus naturel de dire que les Seigneurs de Bressieu, en ont concedé une partie à l'Abbaye de Saint Pierre, que de supposer, comme fait l'Abbé de Chabannes, qu'ils soient redevables de ce qu'ils possedent à Serres à la concession de cette Abbaye.

Les Abbez de S. Pierre n'ont jamais imposé aux Seigneurs de Bressieu la charge de garder le Prieuré de Serres ; il est bien vrai que les Seigneurs de Bressieu ont la garde de ce Prieuré ; mais cette garde bien loin d'être une charge, est au contraire un droit éminent qui leur est personnel, & que les Abbez de S. Pierre sont obligez de reconnoître ; c'est un droit de protection qui marque la superiorité des Seigneurs de Bressieu, qui fait aisément présumer qu'ils sont les Fondateurs du Prieuré de Serres, & qui ne permet pas de douter qu'ils n'ayent donné à l'Abbaye de S. Pierre tout ce qu'elle possede à Serres & aux environs.

L'on ne peut se prévaloir contre le Comte de Valbelle de ce que les Seigneurs de Bressieu ont reconnu par plusieurs actes, dont le dernier est de 1514. qu'ils tenoient la Coseigneurie de Serres en Fief, de l'Abbaye de S. Pierre ; car en supposant que ce Fief tel qu'il ait été originairement ne fût pas prescrit, l'on fera voir d'un côté que quand il auroit été formé par une concession des Abbez de S. Pierre, il ne pourroit passer que pour un Fief d'honneur, qui n'est sujet à aucuns droits utiles ; de l'autre, que non-seulement la conceffion alleguée par l'Abbé de Chabannes ne peut être préfumée, mais qu'elle eft détruite par fes propres titres , qui ne peuvent jamais conftituer qu'un fimple Fief de devotion , encore moins fujet à des droits Seigneuriaux ; ou plûtôt on va connoître par l'examen des titres de l'Abbaye de S. Pierre, que ces fortes de droits y font formellement exclus du Fief dont il s'agit.

L'Abbé de Chabannes parle d'abord de deux titres , dont le premier eft un prétendu acte de conceffion en Fief faite par l'Abbaye de S. Pierre aux Seigneurs de Breffieu de la Cofeigneurie de Serres ; le fecond , eft un jugement arbitral rendu par Humbert de la Tour , par lequel il condamne le Seigneur de Breffieu à réparer les murs, le clocher, & les autres bâtimens du Prieuré de Serres qu'il avoit détruits & ravagez.

Ces deux actes ne font point rapportez, & l'Abbé de Chabannes dit, pour fe difpenfer de les produire, qu'ils *ont fuccombé à la voracité des temps* ; mais on fent d'abord qu'une pareille allegation ne peut faire fuppléer des titres qui ne font pas reprefentez ; ainfi l'Abbé de Chabannes ne peut argumenter ni de l'un ni de l'autre, d'autant plus que le premier ne fçauroit être préfumé, & qu'au contraire les titres produits écartent toute idée d'une femblable conceffion ; à l'égard du fecond , quand il feroit rapporté , il n'opereroit rien en faveur de l'Abbé de Chabannes, parce que fi les Seigneurs de Breffieu avoient abufé de leur droit de garde & de protection pour ravager le Prieuré de Serres , il étoit jufte de les condamner à le réparer, & bien loin qu'un pareil Jugement pût faire préfumer une conceffion de la part des Abbez de S. Pierre, & donner l'idée d'un Fief ordinaire fujet à des droits Seigneuriaux, il eft fenfible au contraire que fi le Seigneur de Breffieu eût été regardé comme le Vaffal de l'Abbaye de S. Pierre , il n'en auroit pas été quitte pour une fimple condamnation à réparer le dommage qu'il avoit fait ; le crime d'un Vaffal qui auroit ravagé les Terres de fon Seigneur eût certainement operé la commife de fon Fief, & l'Abbé de S. Pierre n'eût pas manqué de faire prononcer cette peine contre le Seigneur de Breffieu.

Le premier titre produit par l'Abbé de Chabannes eft un autre Jugement arbitral rendu par Humbert de la Tour en 1276. par lequel il eftime fur le rapport d'Experts les réparations aufquelles il avoit ci-devant condamné le Seigneur de Breffieu ; il paroît veritablement par cet acte produit qu'il y avoit eu un autre Jugement arbitral entre les Parties ; mais les réfléxions que l'on vient de propofer demeurent dans toute leur force, & fi le premier Jugement arbitral étoit reprefenté, il fourniroit fans doute au Comte de Valbelle plufieurs autres argumens encore plus décififs.

Le fecond titre produit par l'Abbé de Chabannes eft un acte du 21 Février 1278. qui contient deux Reconnoiffances faites devant l'Autel de S. Pierre ; l'une par l'Abbé de S. Pierre & le Prieur de Serres au Seigneur de Breffieu, que le Prieuré de Serres & les Paroiffes de Serres & de S. Clair font de la bonne garde , & dans la bonne

ne garde du Seigneur de Breſſieu. *Sponte ſcienter , ac provide re-*
cognoſcunt Prioratum de Serrâ & Parochias de Serrâ , & de Sancto
Claro , nobili viro Hugoni Domino Briſſiaci præſenti & recipienti ,
eſſe de bonâ & in bonâ gardâ ipſius Domini Briſſiaci. L'autre par le
Seigneur de Breſſieu à l'Abbé de Saint Pierre , qu'il tient &
veut tenir en Fief du Monaſtere de S. Pierre, le Domaine, la
Garde , la Juriſdiction, en un mot tout ce qu'il poſſede dans la
Ville, Mandement & Paroiſſe de Serres, & tout ce qui lui appartient, ſuivant la Tranſaction paſſée entre lui & l'Abbé de S. Pierre , par l'entremiſe d'Humbert de la Tour. *Recognoſco me tenere &*
velle tenere in Feudum à Monaſterio Sancti Petri foris portam Viennæ ,
quidquid Dominii, Gardæ , meri imperii, mixti , Juriſdictionis. . . . & ea om-
nia quæ mihi & meis conceduntur à dictis Abbate , Conventu , & Priore
prout in inſtrumento confecto ſuper pace , & concordiâ factâ inter nos , per
manum illuſtris viri Humberti Domini de Turre plenius continetur ; après
quoi le Seigneur de Breſſieu jure & promet la fidelité ſans hommage ; *Juro. . . . & promitto fidelitatem ſine homagio.* Et enfin il aſſujettit
ſes ſucceſſeurs au même ceremonial, & à la même promeſſe, de la
fidelité ſans hommage , *mei ſucceſſores teneantur & debeant. . . . promit-*
tere & jurare de fidelitate ſine homagio.

Il y a trois choſes eſſentielles à remarquer dans cet acte.

La premiere , eſt la Reconnoiſſance faite par l'Abbé de S. Pierre
au Seigneur de Breſſieu, que le Prieuré de Serres & les Paroiſſes de
Serres & de S. Clair ſont de ſa bonne garde , & dans ſa bonne garde : *De bonâ & in bonâ gardâ ipſius Domini Briſſiaci.* Cette Reconnoiſſance en elle-même , & les termes dans leſquels elle eſt conçûë, font
connoître que la garde dont il s'agit n'eſt point une charge qui ait
été impoſée aux Seigneurs de Breſſieu, mais un droit éminent qui
marque évidemment leur ſuperiorité.

Il faut en effet diſtinguer deux ſortes de gardes ; les unes ſont
veritablement des charges impoſées par les Seigneurs à leurs Vaſſaux, qui conſiſtent à obliger les Vaſſaux de faire le guet & la garde dans la Maiſon de leurs Seigneurs ; on trouve dans cette affaire
un exemple de cette eſpece de garde , & les Habitans de Serres y
ſont aſſujettis envers le Seigneur de Breſſieu , comme il paroît par
la Tranſaction de 1322. qui ſera ci après diſcutée.

Les autres ſont de veritables droits dans la perſonne des Souverains, & d'autres Seigneurs puiſſans que les Egliſes ſont obligées de
reconnoître pour leurs Gardiens & Protecteurs ; & ce droit de Garde ou de Protection eſt ſi conſiderable , que ſuivant Beaumanoir
chap. 46. & ſuivant le Gloſſateur de la moyenne Latinité ſur le mot
Vvarda, il faut être au moins Baron pour avoir un ſemblable droit.
Or la Garde que l'Abbé de Saint Pierre a reconnu par l'Acte du 21
Fevrier 1278. & par pluſieurs autres eſt de cette derniere eſpece. Il
y a deux raiſons qui ne permettent pas d'en douter.

1°. Les Seigneurs de Breſſieu ont été de tout tems des Seigneurs
puiſſans dans le Dauphiné , qui même étoient autrefois Sou-

verains dans leurs Terres ; il n'eſt donc pas étonnant qu'ils fuſſent les Gardiens & Protecteurs d'une Egliſe ſituée dans l'étenduë de leurs Domaines.

2°. Ce ſont les Abbés de Saint Pierre qui reconnoiſſent ce droit de Protection dans la perſonne des Seigneurs de Breſ-ſieu ; ſi la Garde en queſtion étoit une charge que l'on eut impoſée aux Seigneurs de Breſſieu, ils ſeroient eux-mêmes tenus de reconnoître qu'ils y ſont aſſujettis, de même que les Vaſſaux qui ſont chargés de garder leurs Seigneurs ſont obligés de reconnoître cette charge dans leurs declarations ; ainſi au lieu de deux Reconnoiſſan-ces reſpectives, l'une de la part de l'Abbé de Saint Pierre ; l'autre du Seigneur de Breſſieu, il n'y en auroit qu'une ſeule de la part du Seigneur de Breſſieu qui reconnoîtroit que tout ce qu'il poſſede à Serres, il le tient en Fief de l'Abbé de Saint Pierre, à la charge de garder le Prieuré de Serres & les Paroiſſes de Serres & de ſaint Clair. Si donc la reconnoiſſance de la Garde eſt faite par l'Abbé de ſaint Pierre, il faut conclure que la Garde dont il s'agit eſt un droit de Protection qui appartient aux Seigneurs de Breſſieu ſur le Prieuré de Serres, & ce droit eſt un ſigne certain de leur ſuperiorité.

Au reſte, il eſt bon d'obſerver que ce droit eſt attaché à leurs perſonnes, comme Seigneurs de la Terre de Breſſieu ; c'eſt ce qui re-ſulte de ces termes de la Reconnoiſſance de l'Abbé de ſaint Pierre, *de boná & in boná Gardá ipſius Domini Briſſiaci*. Et c'eſt pour cela que par la Tranſaction de 1322. il eſt dit que le Seigneur de Breſſieu ne pourra aliener ſon droit de Garde qu'en faveur de ſes heritiers *ab in-teſtat*, qui deviendroient par ſucceſſion proprietaires du Château & de la Terre de Breſſieu, *niſi in hæredes ſuos caſtri & Dominii Briſſiaci*.

L'ordre des deux Reconnoiſſances eſt la ſeconde choſe qui merite attention dans l'Acte de 1278. il eſt remarquable que la Reconnoiſ-ſance de l'Abbé de ſaint Pierre précede celle du Seigneur de Breſſieu ; l'Abbé de Chabannes regarde cette circonſtance comme indifferen-te ; cependant elle eſt d'autant plus eſſentielle, & elle marque d'au-tant plus la ſuperiorité des Seigneurs de Breſſieu, & la prééminence de leur droit de Protection ſur le droit de Fief par eux reconnu, que le hazard n'a point produit cet ordre dans les Reconnoiſſances, & que l'Abbé de ſaint Pierre eſt réellement obligé de faire la premiere demarche ; c'eſt ce qui réſulte premierement de ce que le même or-dre eſt obſervé dans tous les Actes de Reconnoiſſances ; en ſecond lieu, de ce que par la Tranſaction de 1322. il a été expreſſément ſtipulé que le Seigneur de Breſſieu ne feroit la Reconnoiſſance du Fief qu'après que ſon droit de Garde auroit été reconnu par l'Abbé de ſaint Pierre.

Les deux réflexions ci-deſſus prouvent ſuffiſamment que le Fief reconnu par le Seigneur de Breſſieu n'eſt point un Fief ordinaire produiſant des droits Seigneuriaux ; car ce ſeroit ſans doute une choſe nouvelle qu'un Seigneur puiſſant qui a le droit de Garde & de Protection ſur une Egliſe, & envers lequel elle eſt tenuë de recon-noître d'abord ce droit éminent, fût neanmoins le Vaſſal de cette même Eglife ; mais ce qui doit lever tous les doutes qu'il pourroit y avoir à cet égard, c'eſt que le Seigneur de Breſſieu, en reconnoiſ-ſant qu'il tient en Fief, ne promet & n'oblige ſes ſucceſſeurs à promettre que la ſimple fidelité ſans hommage. *Promitto fidelitatem ſine homagio . . . . . . & jurare ſuper altare Beati Petri de fidelitate ſine homagio.* Et c'eſt la troiſiéme choſe qu'il faut remarquer dans l'Acte de 1278.

Le Fief dont il s'agit n'eſt donc qu'un ſimple Fief de devotion, par lequel les Seigneurs de Breſſieu non contens de donner à l'Egliſe une portion de leur Domaine, ont bien voulu tenir le ſurplus en Fief de l'Egliſe ; mais avec cette reſtriction qui caracteriſe ſingulierement les Fiefs de devotion, qu'ils ſe ſont aſſujettis à une ſimple fidelité ſans hommage, ce qui exclut toute ſorte de droits utiles.

L'Abbé de Chabannes fait de ſa part deux obſervations ſur l'Acte de 1278. d'un côté, il voudroit inſinuer que les Seigneurs de Breſſieu reconnoiſſent tenir en Fief de l'Abbaye le droit même de Garde & de Protection qui leur appartient ; & il argumente à cet égard de ces termes de la Reconnoiſſance du Seigneur de Breſſieu : *quidquid Dominii, Gardæ, &c.* d'un autre côté, ces autres termes de la même Reconnoiſſance, *& ea omnia quæ mihi, & meis conceduntur à dictis Abbate, Conventu, & Priore,* caracteriſent (ſi l'on en croit l'Abbé de Chabannes) un veritable Fief ſervant formé par la conceſſion des Abbés de ſaint Pierre.

Quand le mot *Gardæ* s'appliqueroit au droit de Garde & de Protection appartenant au Seigneur de Breſſieu, cela n'empêcheroit pas que le Fief dont il s'agit ne dût être regardé comme un ſimple Fief de devotion ; mais il eſt ſenſible que ce terme ne comprend que la Garde à laquelle les Habitans de Serres ſont aſſujettis envers le Seigneur de Breſſieu ; car en premier lieu, y a-t-il apparence que le Seigneur de Breſſieu reconnoiſſe tenir en fief de l'Egliſe qu'il protege, le droit même de Protection qu'il a ſur cette Egliſe ? En ſecond lieu, ce droit de Garde & de Protection eſt, comme on vient de l'obſerver, un droit perſonnel aux Seigneurs de Breſſieu, & attaché à leur Seigneurie de Breſſieu. Or le Seigneur de Breſſieu ne reconnoît tenir en fief que le Domaine, la Garde & les autres droits qui lui appartiennent dans la Coſeigneurie de Serres ; ainſi le droit de Garde qu'il reconnoît tenir en fief, n'eſt autre choſe que le Guet & la Garde, à laquelle les Habitans de Serres ſont aſſujettis envers lui aux termes de la Tranſaction de 1322.

Il n'en faut pas davantage pour faire tomber la premiere obſervation de l'Abbé de de Chabannes. Voyons s'il ſera plus heureux dans la ſeconde.

Quand on admettroit une conceſſion de la part de l'Abbaye de ſaint Pierre, il ne ſeroit pas poſſible de regarder le Fief en queſtion comme un Fief produiſant des droits utiles ; mais l'Abbé de Chabannes abuſe manifeſtement de ces termes, *& ea omnia quæ mihi conceduntur.* En effet, on voit d'abord qu'ils ſont relatifs à la Tranſaction qui avoit été paſſée depuis peu entre les Parties par l'entremise d'Humbert de la Tour , & par laquelle leurs droits respectifs dans la Coseigneurie de Serres avoient été reglés : c'est ce qui resulte des termes qui suivent immédiatement ceux dont l'Abbé de Chabannes veut se prévaloir. *Et ea omnia quæ mihi , & meis conceduntur à dictis Abbate , Conventu & Priore prout in instrumento confecto super pace & concordiâ factâ inter nos per manum illustris viri Humberti Domini de Turre pleniùs continetur.* Ainsi le Seigneur de Bressieu reconnoît tenir en fief tout ce que l'Abbé de saint Pierre & le Prieur de Serres lui ont accordé par la Transaction faite entre les Parties , c'est-à-dire tout ce qu'ils ont reconnu lui appartenir. Au reste , ces mots équivoques dont l'Abbé de Chabannes veut tirer un si grand avantage ont été supprimés par la Transaction de 1321. dont il sera parlé dans un moment , & l'on y en a substitué d'autres qui écartent toute idée de concession de la part de l'Abbaye de saint Pierre.

Le troisiéme Titre produit par l'Abbé de Chabannes est un Acte du 20 Novembre 1300. contenant les Reconnoissances respectives de la Garde & du Fief, qui ont été faites dans le même ordre & dans les mêmes termes que celles de 1278. Il suffit donc d'employer ici les mêmes réflexions que l'on vient de faire au sujet de cet Acte.

L'Abbé de Chabannes a produit en quatriéme lieu , la Transaction du 6 Août 1322. elle a été passée entre Aymar Seigneur de Bressieu , d'une part ; & Josserand Abbé de saint Pierre , les Religieux & Couvent de la même Abbaye , & le Prieur de Serres , d'autre part.

Les Parties annoncent d'abord que leur dessein est de fixer une bonne fois ce qui appartient aux uns & aux autres dans la Coseigneurie de Serres , d'appaiser tous les differens qui sont survenus, de prévenir tous ceux qui pourroient naître , & d'établir une paix ferme & durable entre les Parties ; qu'enfin cet Acte est le fruit d'une méditation serieuse, & de plusieurs conferences où les interêts des Parties ont été scrupuleusement discutés.

Toutes les clauses de la Transaction répondent parfaitement à ce préambule ; les Parties y sont entrées dans un détail infini de leurs droits respectifs, & il paroît qu'elles ont pourvû aux moindres choses ; l'on trouve même dans cet Acte un grand nombre de minuties , sur lesquelles il étoit inutile de transiger, si l'objet des Parties n'eût été de fixer & de regler expressément tous leurs droits generalement quelconques.

Ainsi c'est avec raison que dans ses réponses à causes d'appel , l'Abbé de Chabannes annonce la Transaction dont il s'agit , comme un titre très-important ; mais ce titre bien loin d'être favorable à sa prétention la detruit au contraire invinciblement.

En effet , la premiere réflexion qu'il présente à l'esprit, & qui résulte du préambule de la Transaction , & du long détail dans lequel les Parties sont entrées pour fixer tous leurs droits respectifs , c'est qu'aucune d'elles ne peut s'arroger aucun droit, tel qu'il puisse être, s'il ne lui est expressément attribué par cette Transaction ; ainsi la demande de l'Abbé de Chabannes en payement de lods seroit d'abord

insoutenable

insoutenable par cette seule raison, qu'il n'y a aucune clause dans l'Acte en question qui assujettisse le Seigneur de Bressieu à de sem-blables droits ; mais si on se livre à l'examen des principales clauses de cet Acte, on sera convaincu qu'il n'y eut jamais de prétention plus chimerique que celle de l'Abbé de Chabannes dans tous ses points.

Il est stipulé par la Transaction dont il s'agit, que la Justice & les émolumens qui en doivent provenir, les Hommes, les Vassaux, les Fours, les Moulins Bannaux, & tous les autres droits de la Cosei-gneurie de Serres appartiendront en commun aux deux Coseigneurs qui en joüiront par indivis ; voilà donc d'abord une association & un pariage entre les deux Coseigneurs de Serres , qui ne permet pas de penser que l'un soit le Vassal de l'autre ; mais surtout il n'est pas possible de considerer le Seigneur de Bressieu comme vassal de l'Ab-baye de saint Pierre, si l'on fait attention qu'il se reserve dans la Coseigneurie de Serres plusieurs prérogatives qui marquent évidem-ment sa superiorité.

Premierement, quoique la Justice appartienne en commun aux deux Coseigneurs, cependant le Seigneur de Bressieu a le droit ex-clusif de connoître de toutes les affaires criminelles , où il sera ques-tion de prononcer la peine de mort, ou une peine corporelle ; *ex-ceptis casibus ultimi supplicii , & mutilationis membrorum , & cujuslibet al-terius punitionis corporalis quorum cognitio & executio pertineat , & perti-nere debeat in solidum ad dictum Dominum Brissiaci , ejus hæredes , ac etiam successores.* Il est stipulé par une suite de cette même clause , que le Juge commun qui sera établi par les Parties ne pourra s'ingerer de connoître des cas où il y aura peine de mort, ou autre peine corpo-relle , si ce n'est du consentement, ou plûtôt par l'ordre du Seigneur de Bressieu ; *de quibus non possit se intromittere nisi de voluntate dicti Domi-ni Brissiaci.* Il y a plusieurs autres clauses semblables qu'il est inutile de parcourir ; or ce droit de connoître de toutes les affaires crimi-nelles est constamment le principal attribut du Seigeur haut Justi-cier ; ce droit que l'on appelle *jus Gladii* , est une marque sensible de la superiorité du Seigneur auquel il appartient ; ainsi comme ce droit appartient au Seigneur de Bressieu , exclusivement à l'Abbé de saint Pierre , il faut convenir que c'est une prérogative qui ne permet pas de revoquer en doute la superiorité du Seigneur de Bres-sieu dans la Coseigneurie de Serres.

L'on oppose inutilement que le droit exclusif dont il s'agit est at-tribué au Seigneur de Bressieu , comme plus convenable à un Sei-gneur laïc, & parce que *Ecclesia abhorret à sanguine.* Personne n'igno-re que cette maxime ne s'applique qu'à la Jurisdiction Ecclesiasti-que qui appartient aux Evêques dans leurs Diocéses , & qu'ils font exercer par leurs Officiaux ; mais elle est sans application quand il s'agit de la haute, moyenne & basse Justice qui appartient à un Evêque, à un Abbé, ou à un autre Ecclesiastique, & qui fait partie du temporel de son Benefice ; rien n'empêche que celui qui exerce la haute Jus-tice au nom d'un Seigneur Ecclesiastique, ne prononce des condam-

D

nations à mort ; ainfi ce n'eft point par le motif que l'Abbé de Chabannes a imaginé que le droit excluſif dont il s'agit eſt attibué au
Seigneur de Breſſieu ; & ce qui le prouve encore d'une maniere convaincante , c'eſt qu'il eſt dit par la Tranfaction que le Juge commun
des Parties ne pourra s'ingerer de connoître des cas en queſtion , ſi
ce n'eſt par l'ordre du Seigneur de Breſſieu. *Niſi de voluntate dicti Domini Briſſiaci.* D'où il s'enſuit que le Juge établi en commun par le Seigneur Laïc & par le Seigneur Eccleſiaſtique pourroit prendre connoiſſance de ces mêmes cas, s'il en avoit ordre du Seigneur de Bref-
ſieu, nonobſtant la maxime alleguée par l'Abbé de Chabannes ;
ainſi cette maxime ne peut déranger l'induction qui réſulte en faveur du Comte de Valbelle des clauſes que l'on vient d'examiner.

Il eſt vrai que par un autre clauſe , il eſt dit que les appellations
qui ſeront interjettées du Juge commun des Parties , ſeront portées
devant un autre Juge commun, qui ſera auſſi par elles conſtitué ; & que
les ſecondes appellations ſeront dévoluës à l'Abbé de S. Pierre & au
Juge qu'il établira pour les décider. Mais l'Abbé de Chabannes veut
mal à propos s'en prévaloir ; car quoique l'intention des Parties ait
eſté ſans doute de compenſer par cette attribution faite à l'Abbé de
S. Pierre des ſecondes appellations en matiere civile, le droit accordé
par les clauſes précedentes au Seigneur de Breſſieu de connoître ſeul
des affaires criminelles, neanmoins on ſent d'abord combien ce droit
excluſif de juger à mort , ce *jus gladii*, eſt au-deſſus des ſecondes appellations en matiere civile. Or ce que l'un de ces droits eſt au-deſſus
de l'autre ſert toujours à montrer la ſuperiorité du Seigneur de Bref-
ſieu dans la Coſeigneurie de Serres.

Sa ſeconde prérogative conſiſte dans le droit excluſif de la bannalité des Moulins dans la Paroiſſe de S. Julien : il eſt ſtipulé que les
Vaſſaux communs auront la liberté de faire moudre leurs grains dans
les Moulins de l'un ou de l'autre Coſeigneur à leur choix ; mais on
en excepte les Habitans de Saint Julien qui ſeront tenus d'aller aux
Moulins que le Seigneur de Breſſieu poſſede dans cette Paroiſſe : *Ex-
ceptis hominibus Sancti Juliani qui debent , & tenentur molere in molendinis
quæ habet ibidem dictus Dominus Breſſiaci.*

Il eſt enſuite fait mention du droit excluſif de Guet & Garde, qui
appartiént au Seigneur de Breſſieu dans le lieu de Serres. *Item quod
dictus Dominus Breſſiaci habeat , & teneat Gaytam in domo ſuâ forti dicti
loci de Serrâ, qui tubicinet ſive cornet Guaytam, Auroram, & Raydam, ſi
neceſſe fuerit : & in nullo alio loco ſive domo poſſit eſſe Guayta , nec poſſint
fieri ſupradicta.* Et par une ſuite de ce droit excluſif, il eſt permis dans
un autre endroit au Seigneur de Breſſieu de fortifier ſa maiſon, ainſi
qu'il le jugera à propos : *Item quod dictus Dominus Breſſiaci , & ejus ſucceſſores poſſint domum ſuam conſtruere , vallare , & fortificare prout voluerit.*

Voilà donc une troiſiéme prérogative & une nouvelle marque de
ſuperiorité pour le Seigneur de Breſſieu ; le droit excluſif d'avoir une
Maiſon forte, de ſe faire garder par les Habitans de Serres, d'avoir
le Guet dans ſa maiſon ; c'eſt, comme on l'a déja obſervé, cette Garde
que le Seigneur de Breſſieu a reconnu tenir en Fief de l'Abbaye, par

les actes ci-deſſus, & par ceux que l'on va diſcuter.

La Tranſaction dont il s'agit donne encore au Seigneur de Breſſieu une quatriéme prérogative qui marque de plus en plus & d'une maniere bien éclatante ſa ſuperiorité. Il eſt dit que le Seigneur de Breſſieu pourra ſe ſervir des Habitans de Serres dans ſa propre querelle, tant pour la défenſe de ſa perſonne, & de ſa Terre, que pour attaquer & pourſuivre ſes ennemis particuliers, au lieu que le Prieur de Serres ne peut employer les mêmes Habitans que pour la défenſe de ſon Prieuré. *Item quod Dominus Breſſiaci de facto ſuo proprio poſſit ſe juvare de dictis hominibus Serræ & Mandamenti, tam de placito quam de guerrá, & tam ad defenſionem ſuam, & terræ, quam ad perſecutionem inimicorum ſuorum, & dictus Prior Serræ poſſit idem pro facto proprio Prioratûs Serræ.*

Les Parties ont enſuite ſtipulé qu'à chaque mutation des Abbez de Saint Pierre, & des Seigneurs de Breſſieu, l'Abbé de S. Pierre feroit la reconnoiſſance de la Garde, & le Seigneur de Breſſieu celle du Fief; mais d'un côté il n'eſt fait aucune mention de Droits Seigneuriaux payables par les Seigneurs de Breſſieu; ni d'aveux & dénombremens qu'ils dûſſent fournir aux mutations; d'où il ſuit que les Seigneurs de Breſſieu n'ont jamais entendu s'obliger qu'à de ſimples reconnoiſſances du Fief; d'un autre côté, il eſt dit expreſſément que la reconſance de la Garde ſera faite avant celle du Fief; ce qui conſtituë l'Abbé de Saint Pierre dans l'obligation de faire la premiere démarche.

Enfin les Parties ſont convenuës des termes dans leſquels les deux reconnoiſſances ſeroient faites; & par rapport à celle du Seigneur de Breſſieu, on a retranché de l'ancienne formule ces mots: *Et ea omnia quæ mihi, & meis conceduntur, à dictis Abbate, Conventu, & Priore prout in inſtrumento,* &c. Et l'on y a ſubſtitué ces autres termes; *& generaliter omnia quæ in dicto loco habemus, & habere poſſemus in futurum.*

Deux conſequences reſultent de ce changement.

Premierement, de deux choſes l'une, ou l'on a conſideré que les termes de l'ancienne formule ne pouvoient abſolument dénoter une conceſſion en Fief de la part de l'Abbaye de Saint Pierre, mais que comme on l'a ci-deſſus obſervé, ils étoient relatifs à la Tranſaction paſſée par l'entremiſe d'Humbert de la Tour; & dans ce point de vuë on a ſupprimé les termes dont il s'agit, parce que cette Tranſaction devenoit inutile au moyen de la nouvelle: ou l'on a conſideré que les Abbés de Saint Pierre pourroient quelque jour abuſer des termes en queſtion pour inſinuer que les Seigneurs de Breſſieu leur étoient redevables de ce qu'ils poſſedoient à Serres; & dans ce point de vûë l'on a ſupprimé ces mêmes termes, parce que n'y ayant jamais eu de conceſſion en Fief faite au Seigneur de Breſſieu de la part de l'Abbaye de Saint Pierre, il étoit néceſſaire d'ôter toute équivoque, & de faire ceſſer tout prétexte d'incidenter mal à propos à cet égard.

Ainſi dans l'un & dans l'autre ſens non ſeulement il n'eſt pas permis à l'Abbé de Chabannes d'argumenter des termes ſupprimés, mais la ſuppreſſion qui en a été faite emporte une reconnoiſſance formelle de la part de toutes les Parties, que les Seigneurs de Breſſieu ne tenoient rien de la conceſſion de l'Abbaye de Saint Pierre.

En second lieu, les nouveaux termes qui ont été substitués aux anciens achevent d'écarter toute idée d'une semblable concession, & de faire connoître que le Fief dont il s'agit n'est qu'un simple Fief de devotion non sujet à des droits utiles : En effet par ces nouveaux termes le Seigneur de Bressieu reconnoît tenir en Fief non seulement tout ce qu'il possede à Serres, mais encore tout ce qu'il y possedera dans la suite, *& habere possemus in futurum*. Ces termes sont indéfinis, & ne contiennent pas une simple limitation à ce qui pourroit être concédé dans la suite au Seigneur de Bressieu par l'Abbaye de Saint Pierre, mais ils embrassent tout ce que le Seigneur de Bressieu possedera un jour à Serres à quelque titre que ce soit, par achat, par échange ou autrement ; de même donc que le Seigneur de Bressieu veut bien s'obliger à reconnoître qu'il tient en Fief de l'Abbaye de Saint Pierre tout ce qu'il pourra posseder dans la suite à Serres indépendemment d'aucune concession de la part de cette Abbaye, c'est aussi indépendemment d'aucune concession qu'il veut bien tenir en Fief ce qu'il possede déja ; car il seroit absurde de supposer que la premiere partie de cette reconnoissance fut plûtôt que la seconde l'effet d'une semblable concession ; ainsi l'on doit conclure des termes nouveaux qui ont été substitués à la place des anciens. 1°. Qu'ils écartent toute idée de concession. 2°. Qu'ils forment en même temps un simple Fief de dévotion, parce que quand un Seigneur veut bien tenir en Fief d'une Abbaye ce qu'il possede, & ce qu'il possedera dans la suite sans aucun vestige de concession pour le passé, & sans prévoir aucune concession pour l'avenir, il n'est pas possible de prendre le change sur un Fief de cette qualité, & il est évident que ce ne peut être qu'un simple Fief de dévotion.

Il ne reste plus à examiner que deux clauses importantes de la Transaction de 1322.

Par la premiere il est dit, que le Seigneur de Bressieu, ni le Prieur de Serres ne pourront donner retraite dans leur Maison aux ennemis l'un de l'autre : Que si le Prieur de Serres contrevient à cette clause, & qu'il ne renvoye pas dans le delai d'un mois les gens ausquels il aura donné retraite, l'Abbé de S. Pierre sera tenu de réparer cette offense dans un autre delai d'un mois, sinon que le Fief tombera en commise. *Quod in eo casu Feudum prædictum sit commissum*, c'est-à-dire, que le Seigneur de Bressieu demeurera totalement dégagé du Fief & de la fidelité. *Dictus Dominus Bressiaci, & ejus hæredes, ac etiam successores, sint immunes, excepti, & etiam liberati, & penitus quitti, & soluti Feudo & fidelitate prædictis quibus tenentur dicto Domino Abbati.* D'un autre côté il est dit, que si le Seigneur de Bressieu reçoit dans sa Maison forte quelques personnes qui offensent le Prieur ou le Prieuré de Serres, en ce cas si son Châtelain requis par le Prieur de les renvoyer ne le fait dans un mois ; le Seigneur de Bressieu en sera requis lui-même ; & s'il ne renvoye les mêmes personnes dans un autre délai d'un mois, son droit de garde sera commis, *quod in eo casu garda sit commissa*. Et tant l'Abbé de S. Pierre, que le Prieuré de Serres seront quittes & affranchis de ce droit de

Garde

Garde, & de tous les liens par lefquels ils font attachez au Seigneur de Breſſieu, à cauſe du Fief en queſtion. *Dicti Dominus Abbas & Prioratus Serræ ſint quitti, & immunes à dictâ Gardâ, & ab omnibus vinculis quibus tenentur, & teneri poſſent dicto Domino Breſſiaci ratione dicti Feudi, &c.*

Cette clauſe preſente d'abord à l'eſprit quatre réfléxions qui méritent une attention ſinguliere.

La premiere, a-t-on jamais entendu dire qu'un Vaſſal demeure affranchi du Fief & de la fidelité, & que le Fief ſervant devienne libre, par cette ſeule raiſon que le Seigneur dominant aura recüeilli dans ſa Maiſon des perſonnes ſuſpectes à ſon Vaſſal, & ne les aura pas renvoyées quand ce Vaſſal l'en aura requis ? Il eſt certain qu'il n'y eut jamais rien de plus extraordinaire qu'un affranchiſſement cauſé par un pareil motif ; ainſi le Fief, ou celui qui tient en Fief à une pareille faculté, ne peut jamais être regardé comme un Fief ordinaire ſujet à des droits utiles.

La ſeconde, le Fief en queſtion charge autant l'Abbé de S. Pierre envers le Seigneur de Breſſieu, que le Seigneur de Breſſieu envers l'Abbé de S. Pierre, & cela ſans aucune ſuperiorité entr'eux pour raiſon de ce Fief ; puiſque ſi le Seigneur de Breſſieu & ſes ſucceſſeurs, en cas de contravention de la part de l'Abbé de S. Pierre à la clauſe dont il s'agit, demeurent affranchis, *Feudo & fidelitate quibus tenentur dicto Domino Abbati ;* d'un autre côté, en cas de contravention de la part du Seigneur de Breſſieu à la même clauſe, l'Abbé de S. Pierre & le Prieuré de Serres demeurent pareillement affranchis, *Ab omnibus vinculis quibus tenentur, & teneri poſſent dicto Domino Breſſiaci ratione dicti Feudi.* Ces termes *tenentur, & teneri poſſent,* ſont remarquables, & ſignifient que l'Abbé de S. Pierre & le Prieuré de Serres ſont *tenus & chargez* envers le Seigneur de Breſſieu pour raiſon du Fief en queſtion, de même que le Seigneur de Breſſieu eſt tenu & chargé envers l'Abbaye de S. Pierre. Or dans un Fief ordinaire l'hommage & la fidelité lient veritablement le Seigneur au Vaſſal, & le Vaſſal au Seigneur ; mais toutes les charges & les devoirs ſont d'un côté, & toute la ſuperiorité de l'autre ; concluons donc encore que ce n'eſt point ici un Fief ordinaire ſujet à des droits utiles.

La troiſiéme, la Garde qui appartient au Seigneur de Breſſieu n'eſt point, comme on voudroit l'inſinuer, une charge qui lui ait été impoſée, mais un droit éminent qui réſide en ſa perſonne, puiſqu'il conſent de le perdre, & que l'Abbé de S. Pierre & le Prieuré de Serres en demeurent affranchis en cas de contravention de ſa part à la clauſe dont il s'agit.

La quatriéme & derniere, perſonne n'ignore que dans les Fiefs ordinaires la commiſe du Fief dominant n'eſt autre choſe que la perte de la mouvance, & par-là le Vaſſal acquiert la liberté ; mais la commiſe du Fief ſervant ôte au Vaſſal la proprieté de ſon Fief, qui par-là eſt réüni & demeure conſolidé au Fief dominant ; & cette réünion eſt bien juſte, puiſque dans les Fiefs ordinaires le Vaſſal

E

est redevable de son Fief à la concession du Seigneur dominant ; d'où il suit que quand le Vassal fait quelque injure notable à son Seigneur, il est naturel de lui enlever ce que le Seigneur dominant lui a concedé ; cependant la même contravention, qui venant de la part du Prieur de Serres & de l'Abbé de S. Pierre, dégage le Seigneur de Bressieu du Fief & de la fidelité, n'opere contre le Seigneur de Bressieu, en cas qu'il se rende coupable de cette contravention, que la perte de son droit de Garde, & des liens qui attachent l'Abbé de S. Pierre à lui à cause de son Fief ; mais il ne commet point son Fief même par sa contravention, c'est-à-dire, qu'il conserve toujours ce qu'il possede à Serres, & ce qu'il reconnoît tenir en Fief ; il faut donc conclure encore une fois, que le Seigneur de Bressieu n'est point le Vassal de l'Abbé de S. Pierre ; que ce Fief n'a jamais été formé par aucune concession de la part de cette Abbaye ; qu'enfin ce n'est point un Fief servant sujet à des droits utiles, mais un simple Fief de devotion.

La derniere clause dont il est important de rendre compte, a deux Parties. Par la premiere il est dit, que l'Abbé & le Convent de S. Pierre & le Prieur de Serres, ne pourront vendre, aliener, donner, échanger, ni transporter à d'autres le Fief & la fidelité, les droits ou partie des droits qu'ils ont à Serres, si ce n'est du consentement du Seigneur de Bressieu & de ses successeurs ; *Non possint vendere, alienare, donare, permutare, nec cujuscumque alterius generis alienatione transferre in aliam personam Feudum prædictum, nec fidelitatem quæ debetur ratione dicti Feudi, nec jus, nec partem quod vel quam habent in dicto loco, & Mandamento Serræ nisi de voluntate dicti Domini Bressiaci, & suorum in posterum successorum.* Il est stipulé par la seconde Partie de la clause, que le Seigneur de Bressieu & ses successeurs au Lieu de Serres, ne pourront aliener, vendre, échanger qu'au profit de leurs heritiers *ab intestat*, tant en ligne directe, qu'en collaterale, qui deviendroient par succession proprietaires du Château & de la Terre de Bressieu, la Garde, la Jurisdiction, & tout ce que le Seigneur de Bressieu possede dans le Mandement de Serres, si ce n'est du consentement de l'Abbé & du Convent de S. Pierre. *Et è contrà dictus Dominus Bressiaci, vel ejus successores in dicto loco de Serrâ non possint alienare, vendere, permutare, donare, vel quocumque genere alienationis transferre, nisi in hæredes suos Castri, & Dominii Bressiaci, vel in alias personas quæ essent eidem Demino Bressiaci, ab intestato successores, Gardam, Jurisdictionem, & alia quæcumque habet in Mandamento Serræ, nisi de voluntate dicti Domini Abbatis & Conventus.*

Cette clause fournit au Comte de Valbelle des moyens invincibles pour renverser toute la prétention de l'Abbé de Chabannes dans quelque sens qu'on l'envisage ; on les établira dans la suite d'une maniere convaincante, mais qu'il soit néanmoins permis de proposer par avance quelques réfléxions très-simples.

1°. La prohibition d'aliener est reciproque ; d'où il suit en premier lieu, que si l'Abbé de S. Pierre y a d'abord contrevenu, comme on le verra dans un moment, le Seigneur de Bressieu a pû y concrevenir enfuite, fans encourir aucune peine. En fecond lieu, que le Fief reconnu par le Seigneur de Breffieu ne peut être re-gardé comme un Fief fervant produifant des droits utiles, fous prétexte qu'il lui eft défendu d'aliener ce qu'il poffede à Serres, fans le confentement de l'Abbé & du Convent de S. Pierre ; car il fau-droit donc auffi par la même raifon regarder comme Fief fervant ce que l'Abbé de S. Pierre poffede à Serres, puifqu'il lui eft pareille-ment défendu de l'aliener fans le confentement du Seigneur de Bref-fieu. Il réfulte au contraire de la reciprocité de cette claufe, que le Fief en queftion ne fçauroit paffer pour un Fief fervant fujet à des droits utiles ; car il feroit fans doute nouveau qu'un Seigneur do-minant ne pût aliener ni fa mouvance ni fon Fief dominant fans le confentement de fon Vaffal.

2°. Par la précedente claufe les Parties ont ftipulé contre les con-trevenans la peine de la Commife, dont tout l'effet par rapport au Seigneur de Breffieu devoit être de lui faire perdre fon droit de Garde ; mais dans cette claufe qui fuit immédiatement celle que l'on vient d'examiner, la Commife n'eft point prononcée contre celle des Parties qui alienera fans le confentement de l'autre ; ainfi l'Abbé de Chabannes ne peut y conclure, fous prétexte de l'aliena-tion qui a été faite par le Comte de Suze au profit du Comte de Valbelle.

3°. Si les Titres produits par l'Abbé de Chabannes n'étoient pas prefcrits & caducs, comme on le fera voir bien-tôt, il feroit indif-penfable de declarer nulle la vente qui a été faite au Comte de Val-belle de la Cofeigneurie de Serres, puifqu'elle lui a été venduë com-me étant dans le commerce ordinaire, & qu'elle fe trouveroit inalie-nable ; & cette nullité feroit tomber toutes les prétentions de l'Ab-bé de Chabannes ; l'on n'en dira pas davantage en cet endroit, ce moyen fera éclairci dans la fuite, & l'on répondra aux objections que l'Abbé de Chabannes a imaginées à cet égard.

Il eft aifé de connoître par cette analyfe de la Tranfaction de 1322. que bien loin d'operer quelque chofe en faveur de l'Abbé de Chabannes, toutes les claufes en font au contraire décifives pour le Comte de Valbelle.

Les cinq & fixiéme Titres produits par l'Abbé de Chabannes font deux Actes de Reconnoiffances refpectives entre l'Abbé de S. Pierre & le Seigneur de Breffieu des 27 Avril 1334. & 19 Decembre 1337. La Reconnoiffance de l'Abbé de S. Pierre dans le dernier de ces deux Actes, contient un terme qui ne fe trouve pas dans les pré-cedentes, & qui marque de plus en plus la réalité & la fuperiorité du droit de Garde appartenant au Seigneur de Breffieu, puifque cet Abbé reconnoît que le Prieuré de Serres & les Paroiffes de Ser-res & de S. Julien font dans la bonne Garde, & qu'il les *tient* de la bonne Garde du Seigneur de Breffieu. *Effe in bonâ Gardâ, & tenere de bonâ Gardâ ipfius Aimari Domini Breffiaci.*

Au refte, les Reconnoiffances portées par ces deux Actes font conçûës dans les mêmes termes , & faites dans le même ordre que celles de 1278. & de 1300.

L'Abbé de Chabannes voudroit mal-à-propos se prévaloir de ce que dans les deux Actes en question les Reconnoissances du Seigneur de Bressieu ont été faites suivant l'ancienne Formule, & que l'on y trouve encore ces anciens termes supprimez par la Transaction de 1322. *Et ea omnia quæ mihi , & meis conceduntur.... prout in instrumento confecto, &c.* C'est une erreur dans laquelle les Parties sont tombées, parce qu'elles avoient déja perdu de vûë (on ne sçait par quelle fatalité) la Transaction de 1322. En effet, il n'est pas dit un mot de cette Transaction dans les deux Actes dont il s'agit , & l'on n'y parle que de cette ancienne Transaction passée par l'entremise de Humbert de la Tour, à laquelle ces termes : *Et ea omnia quæ mihi , & meis conceduntur , &c.* sont relatifs.

Mais l'on ne demeura pas long-temps dans cette erreur, les Parties reconnurent qu'il n'étoit plus question de la Transaction passée par l'entremise d'Humbert de la Tour, puisqu'il y en avoit une autre posterieure qui déterminoit de la maniere la plus scrupuleuse tous les droits respectifs des Parties , & qu'il ne falloit plus suivre l'ancienne Formule, mais celle qui avoit été reglée par la Transaction de 1322. l'Abbé de Chabannes rapporte lui-même deux autres Actes des 4 Janvier 1474. & 17 May 1514. qui sont les sept & huitiéme Titres par lui produits, où les Reconnoissances du Seigneur de Bressieu ont été faites conformément à cette derniere Transaction, & où au lieu de ces termes : *Ea omnia quæ mihi , & meis conceduntur, &c.* qui ont été supprimez de nouveau , on trouve ceux-ci : *Et ea omnia quæ in dicto loco habet , & habere posset in futurum.* Et afin de ne plus retomber dans l'erreur, les Parties ont promis respectivement par les deux Actes de 1474. & 1514. d'executer dorénavant la Transaction de 1322. dans toutes ses clauses.

Le neuviéme Titre produit par l'Abbé de Chabannes est un Acte du 20 Octobre 1450. par lequel Antoine de Poisieu Abbé de S. Pierre, met son Prieuré de Serres, toutes ses dépendances, ensemble tous ses Vassaux , sous la protection de Loüis Dauphin ; en conséquence il lui fait la foi & hommage lige, avec serment de fidélité ; il reconnoît que tout ce qu'il possede en Dauphiné est sous la superiorité & ressort du Dauphin , il promet de lui faire une semblable reconnoissance & un pareil hommage à chaque mutation du Dauphin & de l'Abbé de S. Pierre ; le Dauphin de sa part accepte l'hommage qui lui est fait. Il prend sous sa Garde & Protection l'Abbé de S. Pierre & ses successeurs, ses Sujets, Vassaux & Feudataires, & s'engage lui & ses successeurs à les garder, proteger & défendre , *servabunt & manutenebunt, tuentur, & deffendent ac fovebunt, protegent & benigniter tractabunt.* Enfin , il est stipulé que toutes les appellations de la temporalité de l'Abbé de S. Pierre, comme Prieur de Serres, seront portées devant les Officiers du Dauphin ; sur quoi l'Abbé de Chabannes observe dans ses réponses à causes d'appel, que par-là Antoine de Poisieu a cedé au Dauphin les secondes appellations ;

c'est

c'eſt à-dire , le droit de dernier Reſſort en matiere civile qui lui appartenoit à Serres, ſuivant la Tranſaction de 1322. Au reſte , il a auſſi produit un Arrêt de la Chambre des Comptes de Dauphiné , qui ordonne que tous les Vaſſaux du Roy ſeront tenus de faire la foy & hommage, & de donner leurs aveux & dénombremens ; & la ſignification qui a été faite de cet Arrêt à l'Abbé de Chabannes le 5 Octobre 1725. pour raiſon du temporel de ſon Abbaye, & des autres biens par lui poſſedez dans la Mouvance du Roy.

Par ces pieces l'Abbé de Chabannes entend prouver que la Coſeigneurie de Serres eſt aujourd'hui dans la mouvance du Roi comme Dauphin : l'on réfutera dans la ſuite les mauvaiſes conſequences qu'il en tire ; mais l'induction la plus naturelle qui réſulte de l'Acte de 1450. c'eſt qu'Antoine de Poiſieu a manifeſtement contrevenu à la prohibition reciproque d'aliener portée par la Tranſaction de 1322. en cedant au Dauphin une partie des droits qui lui appartenoient à Serres, entr'autres celui des ſecondes appellations que l'Abbé de Chabannes regarde comme le plus conſiderable ; Antoine de Poiſieu a en même tems ſecoüé le joug du droit de Garde & de Protection qui appartenoit au Seigneur de Breſſieu ſur le Prieuré de Serres , & ſur les Paroiſſes de Serres, de ſaint Clair & de ſaint Julien , en mettant le tout ſous la Protection & ſous la Garde du Dauphin. Or l'on ſent d'abord que par-là tous les Titres de l'Abbaye de ſaint Pierre ſont devenus caducs : c'eſt une verité que l'on établira dans la ſuite.

Le dixiéme Titre produit par l'Abbé de Chabannes eſt un Arrêt du 3 Mars 1588. dont le Diſpoſitif ne renferme rien qui ait rapport à la préſente conteſtation ; mais dans le vû de cet Arrêt, on én cite deux autres dont l'Abbé de Chabannes veut tirer avantage.

Par le premier du 26 Avril 1672. il fut ordonné que l'Econome de l'Abbaye de ſaint Pierre jouïroit de la Juſtice haute , moyenne & baſſe à Serres , & des autres droits & appartenances pour moitié avec le Seigneur de Breſſieu , & de la moitié de tous les revenus à la forme de la Tranſaction de 1322. à l'effet de quoi le Seigneur de Breſſieu fut condamné à exhiber & communiquer à l'Econome tous les Titres & documens qui étoient en ſa puiſſance concernant la Juriſdiction & les droits dépendans de la Seigneurie de Serres. L'Abbé de Chabannes n'argumente point de ce premier Arrêt dans ſes réponſes à cauſes d'appel; mais par une note qu'il a fait mettre en marge de l'Arrêt par lui produit , à l'endroit où eſt viſé celui du 26 Avril 1672. il voudroit inſinuer que l'exhibition & la communication des Titres à laquelle le Seigneur de Breſſi u a été condamné , eſt la même choſe qu'une condamnation à donner ſon aveu & dénombrement.

L'on conçoit aiſément par quel motif l'Abbé de Chabannes voudroit donner le change là-deſſus ; il ſent bien que le Seigneur de Breſſieu n'étant aſſujetti par aucun acte à fournir un aveu & dénombrement du Fief dont il s'agit , & n'en ayant jamais été fourni par aucun Seigneur de Breſſieu, ç'en eſt plus qu'il n'en faut pour conclurc que le Fief en queſtion n'eſt pas un Fief ordinaire ſujet à des droits utiles; c'eſt pour cela qu'il voudroit faire paſſer cette diſpoſition de l'Arrêt de 1672. pour une condamnation à donner aveu & dénombrement ; mais cette interprétation eſt denuée de tout prétexte ; le Seigneur de Breſſieu comme ayant la ſuperiorité dans la Coſeigneurie de Serres en poſſedoit tous les Titres qu'il réfuſoit de communiquer à l'Econome de l'Abbaye de ſaint Pierre ; il étoit donc juſte d'ordonner cette communication , ſans laquelle l'Econome qui devoit avoir moitié de tout ne pouvoit neanmoins jouïr de rien. Tel eſt le veritable ſens de l'Arrêt , & l'on conçoit d'abord qu'il eſt beaucoup plus favorable à la cauſe duComte deValbelle qu'à celle de l'Abbé de Chabannes , puiſqu'il prouve de plus en plus la ſuperiorité du Seigneur de Breſſieu , ſans laquelle,& s'il eût été regardé comme le vaſſal de ſon Coſeigneur , il n'auroit pas eu entre les mains tous les Titres de la Coſeigneurie.

Le ſecond Arrêt dont l'Abbé de Chabannes veut ſe prévaloir eſt daté du 4 Juillet 1581. & ſi l'on en croit les termes dans leſquels la diſpoſition du même Arrêt eſt rapportée dans le vû de celui que l'Abbé de Chabannes a produit ; il faiſoit défenſes au Seigneur de Breſſieu d'uſurper autre portion que celle qui lui revenoit dans les droits de la Coſeigneurie de Serres , & de s'emparer de ce qui appartenoit à l'Abbé de ſaint Pierre dans cette Coſeigneurie , ſur peine au Seigneur de Breſſieu de confiſcation de la part & portion qu'il avoit en la Juriſdiction de Serres : ſur quoi l'Abbé de Chabannes obſerve que cette peine de confiſcation eſt la preuve la plus complette de la Seigneurie dominante dans la perſonne de l'Abbé de S. Pierre , ſurtout étant prononcée en Dauphiné , *où la confiſcation n'a point de lieu.*

Pour argumenter de cet Arrêt, il faudroit le rapporter en original , & ne pas ſe contenter de produire un autre Arrêt où celui-ci eſt viſé , ou du moins il faudroit qu'il y fût viſé en original ; mais on ne trouve dans le vû de l'Arrêt du 5 Mars 1588. qu'une ſimple copie de celui du 4 Juillet 1581. Or quelle foi peut mériter une énonciation de cette nature ? ſi l'on repréſentoit aujourd'hui une copie de l'Arrêt de 1581. on n'y auroit certainement aucun égard , & plus les inductions que l'Abbé de Chabannes voudroit faire réſulter de cette piece ſeroient importantes, plus il ſeroit eſſentiel de l'obliger à la rapporter en original. Quel cas faut-il donc faire de la copie de cette piece qui n'eſt point produite , mais qui ſe trouve ſeulement viſée dans un autre Arrêt ?

Mais au fond quand l'original de l'Arrêt de 1581. ſeroit produit, l'Abbé de Chabannes n'en pourroit tirer aucun avantage, la confiſcation dont il ſuppoſe qu'un Seigneur de Breſſieu fut menacé par cet Arrêt devroit être regardée comme le dernier remede que le Parlement de Grenoble auroit trouvé pour arrêter le cours des injuſtices de ce Seigneur qui vouloit uſurper à Serres la totalité des droits dont il n'avoit que la moitié ; mais cette confiſcation ne pouvoit être prononcée qu'au profit du Roi , elle ne regardoit point, & ne pouvoit

regarder les Abbés de ſaint Pierre, & l'on ne peut en conclure
que les Seigneurs de Breſſieu ſoient les vaſſaux de cette Abbaye ;
car d'un côté les entrepriſes d'un vaſſal ſur les terres de ſon Seigneur donnent lieu à la Commiſe, & non point à la confiſcation du
Fief ; de l'autre, l'Arrêt de 1581. ne menace pas le Seigneur de Breſſieu de la confiſcation de ſon Fief, mais ſeulement de ſa part & portion dans la Juſtice de Serres. Enfin l'Abbé de Chabannes reconnoît
lui même à la page 13. de ſes Réponſes à cauſes d'appel, & Salvaing
decide chap. 57. qu'en Dauphiné la confiſcation n'eſt admiſe qu'au
profit du Roi.

L'Abbé de Chabannes produit enſuite une Tranſaction paſſée le
12 Novembre 1588. entre un Abbé de ſaint Pierre & un Seigneur
de Breſſieu ; ce onziéme Titre de l'Abbaye de ſaint Pierre contient
deux clauſes déciſives en faveur du Comte de Valbelle.

Suivant les Titres ci-deſſus examinés, l'Abbé de ſaint Pierre avoit
moitié de la Bannalité des Moulins de Serres ; cependant il s'étoit
élevé une conteſtation à cet égard ſur laquelle étoit intervenu un
Arrêt du 25 Juin 1586. qui adjugeoit par proviſion à l'Abbé de
ſaint Pierre cette moitié de Bannalité. Dans cet état les Parties paſ-
ſerent la Tranſaction dont il s'agit ; & par l'une des clauſes de cet
Acte, l'Abbé de ſaint Pierre cede au Seigneur de Breſſieu ſa moitié
dans la Bannalité des Moulins de Serres, à la charge d'une rente an-
nuelle & perpetuelle de 50 ſeptiers de bled . . . . *lods, mi-lods, ventes*
& toute Seigneurie directe importans ſur ladite moitié de Moulins tant ſeu-
lement.

Si l'on écarte pour un moment les moyens tirés de la preſcription
& de la caducité des Titres de l'Abbaye de S. Pierre, & la neceſſité
qu'il y a de declarer nulle la vente faite au Comte de Valbelle de la Coſeigneurie de Serres, le Comte de Valbelle acquereur de cette Coſeigneurie, doit aux termes de la clauſe dont il s'agit, des droits de
Lods à l'Abbé de Chabannes pour la moitié de la Bannalité des Moulins de Serres ; mais cette même clauſe exclud abſolument tous droits
Seigneuriaux pour le ſurplus du Domaine & des droits qui forment
la Coſeigneurie de Serres.

Car en premier lieu, les Parties ont bien ſçû ſe ſervir des termes
convenables pour exprimer une conceſſion à la charge d'une rente
Seigneuriale produiſant des droits utiles ; ſi donc il ne paroît aucune expreſſion ſemblable au ſujet de la Coſeigneurie de Serres, ni
dans cet Acte ni dans les autres, ni même dans la Tranſaction de
1322. où l'on n'a obmis aucun des droits reſpectifs des Parties, & où
ils ont été reglés & fixés de la maniere la plus exacte, & dans les
termes les moins équivoques, il faut conclure que les Titres de l'Abbaye de ſaint Pierre ne lui attribuent aucuns droits utiles ſur la part
du Seigneur de Breſſieu dans la même Coſeigneurie.

En ſecond lieu, la Tranſaction de 1322. portoit que le Seigneur
de Breſſieu tiendroit en fief de l'Abbaye, non-ſeulement ce qu'il
poſſedoit à Serres, mais tout ce qu'il pourroit y poſſeder à l'avenir,
& habere poſſet in futurum. Et les deux dernieres Reconnoiſſances con-

tiennent ces termes essentiels, conformément à la Formule dont les Parties étoient convenuës par la même Transaction. Ainsi sans rien exprimer par rapport à la moitié de la Bannalité des Moulins de Serres, il est sensible que le Seigneur de Bressieu la devoit tenir en fief de l'Abbaye, de même que ce qu'il possedoit déja dans le Mandement de Serres. En supposant donc que le Fief reconnu par le Seigneur de Bressieu fut un Fief ordinaire, sujet à des droits Seigneuriaux, il eût été inutile de les stipuler expressément par rapport à cette moitié de la Bannalité des Moulins, & l'on pouvoit se contenter de dire que l'Abbé de saint Pierre la cedoit à la charge d'une rente de 50 septiers de bled. Tout le reste s'ensuivoit naturellement, ou du moins il suffisoit de stipuler que la moitié de la Bannalité des Moulins tiendroit même nature de Fief, que ce qui appartenoit déja au Seigneur de Bressieu dans le Mandement de Serres; expression dont les Parties se sont servies dans un autre endroit du même Acte. Si donc les Parties n'ont pas employé ces termes generaux dans la clause en question, c'est qu'elles sçavoient bien que le Fief reconnu ci-devant par le Seigneur de Bressieu n'étoit pas un Fief ordinaire sujet à des droits utiles, & que voulant y assujettir la moitié de la Bannalité des Moulins de Serres, elles ont crû devoir en convenir expressément.

En troisiéme lieu, les Parties ont eu soin de limiter la stipulation des droits utiles à la seule moitié de cette Bannalité des moulins que l'Abbé de S. Pierre cedoit au Seigneur de Bressieu, & cela par ces termes, *tant seulement*, qui terminent la clause en question. Ces termes renversent tout le systême de l'Abbé de Chabannes, puisqu'ils emportent une exclusion formelle de tous droits Seigneuriaux sur l'autre moitié de la Bannalité des Moulins de Serres, qui appartenoit originairement au Seigneur de Bressieu, & sur tout le reste de ce qu'il possedoit à Serres.

Il est dit par la seconde clause qui reste à examiner, que le Seigneur de Bressieu pourra dans l'intervalle de neuf années joindre à sa part & portion dans la Coseigneurie de Serres, celle qui appartient à l'Abbé de saint Pierre, en lui donnant recompense suffisante & équivalente en une ou deux pieces dans le Siege de Vienne ou de saint Marcellin. L'on ajoute que *faisant ledit échange de ladite Coseigneurie, icelle & ce qui en dépend, comme dessus, tiendra & ressortira même nature de Fief que fait de présent l'autre moitié de ladite Coseigneurie, & ce que tient ledit Seigneur de Bressieu audit lieu & mandement de Serres, à la forme de la Transaction ci-dessus énoncée de l'an 1322.*

Cette clause n'a point eu d'execution, & l'échange projetté n'a pas été fait; mais elle ne doit pas moins servir à faire connoître la nature du Fief reconnu par les Seigneurs de Bressieu; elle fournit en effet deux réflexions qui frappent d'abord.

1°. Voilà dans le même acte deux clauses par lesquelles les Parties ont voulu ériger en Fief, d'un côté la moitié de la Bannalité des Moulins de Serres que l'Abbé de Saint Pierre cedoit au Seigneur de Bressieu; de l'autre, la part de l'Abbé de Saint Pierre dans la Coseigneurie

rie de Serres au cas que le Seigneur de Breſſieu en fit l'acquiſition par échange. Mais les Parties ſe ſont exprimées d'une maniere bien differente dans l'une , & dans l'autre de ces deux clauſes : Dans la premiere, elles ont ſtipulé expreſſément que le Fief formé par la conceſſion de l'Abbé de Saint Pierre ſeroit ſujet à des droits utiles ; dans la ſeconde, elles ont ſeulement dit que le Fief formé de ce que le Seigneur de Breſſieu pourroit acquerir par échange ſeroit de la nature de celui qu'il avoit reconnu ci-devant , & tel qu'il étoit reglé par la Tranſaction de 1322. Or ne doit-on pas mettre une differen-ce eſſentielle entre deux Fiefs ſi differemment exprimés ? Et pour-quoi n'auroit-on pas expreſſément aſſujetti aux droits utiles le Fief qui ſeroit formé par l'échange, comme le Fief qui l'étoit par la con-ceſſion de l'Abbé de Saint Pierre , ſi l'intention des Parties eut été que l'un & l'autre y fuſſent également ſujets ?

2°. C'eſt avec grande raiſon que ſuivant la ſeconde clauſe de la Tranſaction de 1588. le Fief qui devoit être formé par l'échange projetté , n'a point été aſſujetti à des droits utiles , comme le Fief conſtitué par la premiere clauſe pour raiſon de la moitié de la Ban-nalité des Moulins de Serres ; car l'Abbé de Saint Pierre concedoit cette moitié de Bannalité qui lui appartenoit , & il avoit droit d'im-poſer à ſa conceſſion telle charge qu'il jugeoit à propos ; mais dans l'échange projetté le Seigneur de Breſſieu ne devoit rien tenir de la conceſſion de l'Abbé de Saint Pierre , toutes choſes y devoient être parfaitement égales , puiſque le Seigneur de Breſſieu ne pouvoit ac-querir la proprieté de ce que l'Abbé de Saint Pierre poſſedoit à Serres, qu'en lui en donnant *récompenſe ſuffiſante & équivalente*. Or l'on a déja fait voir que pour conſiderer un Fief comme un Fief ordinaire ſujet à des droits utiles, il faut neceſſairement préſuppoſer une conceſſion de la part du Seigneur dominant ; ainſi les Parties n'avoient garde d'aſſujettir à des droits utiles un Fief qui ſeroit formé par un échange parfaitement égal. Cela préſuppoſé, comme le Fief érigé d'avance par la ſeconde clauſe de la Tranſaction de 1588. devoit être *de même nature* que le Fief qui ſubſiſtoit avant cette Tranſaction , & dont il s'agit aujourd'hui, il faut conclure d'un côté que le Fief en queſtion n'a été formé par aucune conceſſion de l'Abbé de Saint Pierre ; de l'autre, que ce n'eſt point un Fief ordinaire ſujet à des droits utiles , & que ce n'eſt en un mot qu'un ſimple Fief de dévotion.

Enfin le 12e. & dernier titre de l'Abbé de Chabannes eſt une au-tre Tranſaction du 10 Aouſt 1593. il n'y a dans cet acte qu'une ſeule clauſe qui ait quelque rapport à notre conteſtation ; ç'en eſt une qui réduit à vingt ſeptiers de bled les cinquante portez par la précedente Tranſaction.

Voilà tous les titres qui ont été produits par l'Abbé de Chabannes, & ſur leſquels il fonde ſes demandes ; mais on vient de voir que bien loin d'établir ſes prétentions , ils les détruiſent de la maniere la plus ſenſible.

Au reſte , ſi l'Abbé de Chabannes manque de titres , il ne peut y ſuppléer par la poſſeſſion ; les Seigneurs de Breſſieu n'ont jamais don-

G

né d'aveux & dénombremens du Fief dont il s'agit, quoique tout
poſſeſſeur d'un Fief ordinaire y ſoit aſſujetti à chaque mutation; d'ailleurs l'Abbé de Chabannes convient lui-même que ni lui, ni ſes prédeceſſeurs n'ont jamais reçû ni demandé aucuns droits de Lods pour
raiſon du Fief en queſtion.

Il prétend à la verité qu'il n'y a jamais eu d'autre alienation que
celle qui a été faite par le Comte de Suze au profit du Comte de Valbelle; mais l'Abbé de Chabannes ſe trompe, car il eſt certain que la
Coſeigneurie de Serres a été adjugée à la Dame Comteſſe de Rochefort par Arrêt du Parlement de Provence, en déduction de ſes créances ſur la ſucceſſion de Louis de Grolée de Mœvillon; & qu'en vertu
de cet Arrêt la Comteſſe de Rochefort prit publiquement poſſeſſion
de cette Coſeigneurie.

Pour prouver ce fait, le Comte de Valbelle produira l'Arrêt d'adjudication du 16 Juin 1646. & le Procès verbal de priſe de poſſeſſion
des 27 & 28 Juillet de la même année; l'on voit par ce Procès verbal
que non ſeulement le fondé de procuration de la Comteſſe de Rochefort ſe fit conduire dans toute la Coſeigneurie de Serres, & ſurtout dans l'endroit où ſe tenoit la Juriſdiction; mais encore qu'il y
eut des affiches appoſées qui annonçoient, que la Conteſſe de Rochefort étoit Dame de Serres, & que toute cette procedure fut ſignifiée
aux Conſuls, & Habitans du lieu: Ainſi la priſe de poſſeſſion faite
par la Comteſſe de Rochefort en vertu de l'Arrêt de 1646. fut très-
publique; cependant elle n'a jamais payé de droits de Lods, on ne
lui en a pas même demandé, quoique le titre qui lui avoit tranſmis
la proprieté de la Coſeigneurie de Serres dût en produire, ſi l'on eut
regardé le Fief en queſtion comme un Fief ordinaire ſujet à des droits
utiles.

Ainſi l'Abbé de Chabannes n'a ni titre ni poſſeſſion qui puiſſe
ſervir de prétexte à ſa demande, & l'on pourroit ſe diſpenſer d'en
dire davantage pour l'en faire débouter; établiſſons neanmoins le
plus ſuccinctement qu'il ſera poſſible les deux propoſitions qui ont
été annoncées en commençant.

PREMIERE PROPOSITION.

Tous les Titres de l'Abbaye de Saint Pierre ſont preſcrits
& caducs.

Cette premiere Propoſition a deux parties, qui ſont également
faciles à démontrer.

Le Comte de Valbelle ſoutient en premier lieu, qu'à regarder
pour un moment les Titres de l'Abbaye de ſaint Pierre comme des
Titres conſtitutifs d'un Fief ordinaire, ſujet à des droits Seigneuriaux, ces Titres ſont preſcrits, & que par conſequent l'Abbé de
Chabannes ne peut s'en ſervir dans cette affaire.

Il ſoutient en ſecond lieu, que les Abbés de ſaint Pierre ayant
eux-mêmes manqué à ce qu'ils devoient aux Seigneurs de Breſſieu,

ayant rompu les premiers leurs engagemens, & s'étant mis hors d'état de les remplir, ils ont dégagé les Seigneurs de Breſſieu des obligations dont ils pouvoient être tenus envers l'Abbaye de ſaint Pierre ; d'où il ſuit que les Titres de cette Abbaye ſont caducs, & ne peuvent rien opercr en faveur de l'Abbé de Chabannes.

Le Comte de Valbelle n'argumente point ici d'une preſcription ordinaire de 10, 20, 30 ou 40 années, mais il oppoſe à l'Abbé de Chabannes une preſcription plus que centenaire. Il eſt donc uniquement queſtion de ſçavoir, ſi la preſcription centenaire a lieu en faveur d'un Vaſſal contre ſon Seigneur. Or le Comte de Valbelle convient de bonne foi que pluſieurs Coutumes rejettent la preſcription même centenaire en matiere féodale ; mais l'Abbé de Chabannes doit auſſi demeurer d'accord que cette preſcription eſt admiſe par tout où il n'y a point de loi qui la rejette expreſſément. Comme cette ſorte de preſcription eſt fondée ſur une poſſeſſion immémoriale, elle tient lieu de titre à celui qui l'établit en ſa faveur ; *ductus aquæ* (dit le Juriſconſulte dans la Loi 3. §. 4. *ff. de aqua quot. & æſt.*) *cujus origo memoriam exceſſit jure conſtituti loco habetur.*

C'eſt la raiſon pour laquelle Mⁱ Charles Dumoulin qui a écrit ſur l'ancienne Coutume de Paris, dont l'article 7. portoit ſeulement en termes generaux & indéfinis, que le Vaſſal ne pouvoit preſcrire contre ſon Seigneur, decide dans ſon Commentaire ſur cet art. nomb. 14. qu'il faut excepter la preſcription centenaire qui peut être oppoſée par le Vaſſal à ſon Seigneur, parce que cette poſſeſſion immémoriale a la force d'un titre ; de ſorte qu'elle n'eſt jamais cenſée excluſe par une loi qui rejette indéfiniment & dans les termes les plus generaux toute ſorte de preſcriptions. *Ut non procedat in præſcriptione centum annorum ſive temporis immemorialis : ſi quidem hujuſmodi præſcriptio habet, vim conſtituti ; unde nunquam cenſetur excluſa, etiam per legem prohibitivam & per univerſalia negativa & geminata verba omnem quamcunque præſcriptionem excludentia.*

C'eſt auſſi par cette raiſon que dans l'article 12. de la nouvelle Coutume de Paris, qui tient la place de l'art. 7. de l'ancienne, l'on a ajouté que le Vaſſal ne pourroit preſcrire contre ſon Seigneur, *même par 100 ans & plus.* Ces derniers termes ont donc été jugés neceſſaires pour mettre le Seigneur féodal à couvert de la preſcription centenaire.

Il faut neanmoins convenir que même avant la réformation de la Coutume de Paris, il y avoit une forte raiſon pour ne pas admettre dans cette Coutume la preſcription centenaire en faveur du Vaſſal contre ſon Seigneur ; c'eſt que ſuivant le droit commun qui s'obſervoit dès-lors à Paris, on ne reconnoiſſoit point de Franc-aleu ſans titre, & toutes les terres étoient cenſées relever de quelque Seigneur en fief ou en cenſive, s'il n'y avoit titre au contraire ; de ſorte que la preſcription même centenaire ſembloit repugner à ce droit commun, puiſque ſon effet étoit de changer ſans aucun titre la qualité naturelle des fonds.

Mais il n'en eſt pas de même des païs où le Franc-aleu ſans titre eſt établi , & où tous les fonds ſont francs , libres & allodiaux de leur nature : Dans ces païs tout titre conſtitutif d'un Fief eſt contraire au droit commun que l'on y obſerve ; ainſi l'effet de la preſcription eſt de faire rentrer les choſes dans le droit commun en détruiſant un titre qui s'y trouve contraire.

Si donc Dumoulin a decidé (comme on vient de l'obſerver) que la preſcription centenaire n'étoit point excluſe par les termes generaux de l'ancienne Coutume de Paris , & ſi les Redacteurs de la nouvelle ont crû que les Vaſſaux pourroient ſe ſervir de la preſcription centenaire contre leurs Seigneurs , ſi l'on n'avoit la précaution de la rejetter en termes exprès , quoique cette preſcription étant contraire au droit commun de cette Coutume , cela ſeul parût ſuffiſant pour l'exclure : Qui peut douter que cette même preſcription n'ait lieu dans les païs où non ſeulement il n'y a point de loi qui la rejette expreſſément , mais où l'on ne reconnoît point de Fiefs & de Cenſives ſans titre , & où par conſequent la preſcription doit avoir lieu comme une ſuite neceſſaire du droit commun qui s'y obſerve.

Telle eſt la Province du Dauphiné , où la Terre & Coſeigneurie de Serres ſe trouve ſituée ; car il eſt certain , 1°. que c'eſt un païs de Franc-aleu ſans titre , & que tous les fonds y ſont francs & allodiaux de leur nature. 2°. Que la preſcription centenaire en matiere féodale eſt conſtamment reçûë dans cette Province.

L'Abbé de Chabannes ne diſconvient pas de la premiere de ces deux verités , d'ailleurs on ſe réſerve de la démontrer dans la ſuite ; & pour établir la ſeconde de la maniere la plus convaincante , qu'il ſoit permis au Comte de Valbelle d'invoquer le ſuffrage de M. Salvaing , qui a traité la queſtion *ex profeſſo* , & dont l'autorité eſt d'autant plus reſpectable , que d'un côté il a fait une étude particuliere de l'uſage des Fiefs dans le Dauphiné , où il occupoit une place éminente qui le mettoit plus à portée que perſonne de s'inſtruire à fonds de cette matiere ; & que de l'autre , il appuye ſon ſentiment ſur les opinions des Auteurs les plus accredités , ſur des exemples fameux , ſur des Edits & Declarations de nos Rois , & ſur la Juriſprudence des Arrêts rendus au Parlement & en la Chambre des Comptes du Dauphiné.

Or après avoir prouvé que la preſcription centenaire doit avoir lieu partout où il n'y a point de loi contraire , & après avoir détruit toutes les objections que l'on pourroit imaginer , il fait voir que du moins ſuivant l'uſage & la Juriſprudence du Dauphiné , les Fiefs & les Cenſes directes ſe preſcrivent par le ſilence du Seigneur féodal & du Seigneur cenſier durant l'eſpace de 100 années ; mais quoique la preſcription centenaire ſoit une loi generale indiſtinctement obſervée dans cette Province , notre Auteur nous apprend que le ſilence du Seigneur opere encore plus invinciblement la preſcription , lorſqu'il eſt arrivé quelque mutation qui a donné lieu à des droits de Lods , & qu'ils n'ont été ni payés par le Vaſſal , ni exigés par le Propriétaire du Fief dominant ; enfin il eſt d'avis que la preſcription a principalement lieu par rapport aux droits Seigneuriaux dont le
Vaſſal

Vassal devient absolument & pour toujours affranchi , quand on pourroit supposer que les autres engagemens du Vassal ne seroient pas totalement éteints. Telles sont les décisions de M. Salvaing dans son Traité de l'Usage des Fiefs, chap. 13. & 14. L'on rapportera les principaux motifs qui l'ont déterminé à penser de cette maniere, en répondant aux objections de l'Abbé de Chabannes ; mais faisons auparavant l'application de toutes ces maximes à l'espece particuliere.

La derniere Reconnoissance qui ait été faite du Fief en question est du 17 May 1514. Depuis ce tems jusqu'au 23 Janvier 1725. que l'Abbé de Chabannes a formé sa demande , il s'est écoulé plus de 210 années , pendant le cours desquelles il y a eu grand nombre de mutations dans la personne des Abbés de saint Pierre & dans celle des Seigneurs de Bressieu : Voilà donc une double prescription centenaire, par laquelle les Seigneurs de Bressieu , en les regardant comme Vassaux, ont acquis leur liberté ; ou si l'on veut compter de la Transaction de 1588. seulement, attendu que le Fief dont il s'agit y est mentionné; le silence des Abbés de S. Pierre auroit au moins duré près de 140 années ; ainsi la prescription centenaire seroit toujours très-complette. Le Fief seroit donc entierement prescrit , & plus encore les droits Seigneuriaux, en supposant qu'ils en fussent une suite ; & cela quand il n'y auroit pas eu d'autres mutations que par succession.

Mais ce qui rend la prescription encore plus insurmontable, c'est qu'il y a eu du moins une mutation qui auroit donné lieu au payement des droits utiles, supposé que le Fief en question y fût sujet ; c'est l'adjudication qui a été faite de la Coseigneurie de Serres à la Comtesse de Rochefort en déduction de ses créances , par Arrêt du Parlement de Provence du 16 Juin 1646. en vertu duquel elle a pris possession de cette Coseigneurie, suivant le Procès verbal des 27 & 28 Juillet de la même année ; or quoique cette prise de possession eut été très-publique , comme on le verra par ce Procès verbal , neanmoins il est constant entre les Parties que la Comtesse de Rochefort n'a point payé de droits de Lods , & qu'on ne lui en a pas même demandé : c'est un fait que l'Abbé de Chabannes reconnoît lui-même , puisqu'à la page 37 de ses Réponses à causes d'appel, il annonce qu'il n'a point été payé de droits Seigneuriaux, parce qu'il n'y a jamais eu d'alienation qui en ait produit. Au reste , la Comtesse de Rochefort n'a pas même fait la Reconnoissance du Fief , elle n'a point fourni d'aveu & denombrement , & il n'en a été fourni aucun ni pendant le cours de la prescription, ni auparavant qu'elle ait comencé. Ainsi nous sommes précisément dans le cas où suivant Salvaing la prescription centenaire est le plus invincible surtout par rapport au payement des droits utiles.

Voyons maintenant quelles sont les Objections de l'Abbé de Chabannes ; il les a partagées en deux propositions. Il soutient en premier lieu , que dans la These generale Salvaing s'est trompé en

H

admettant la preſcription centenaire ; en ſecond lieu, qu'en ſuppoſant qu'elle fut reçûë en Dauphiné , elle ne pourroit s'appliquer au fait particulier.

L'Abbé de Chabannes fonde ſa premiere propoſition ſur quatre moyens. Le premier, que le droit de Fief eſt un droit de ſujettion & de ſuperiorité qui eſt impreſcriptible, ſuivant la loi *comperit Cod. de præſcript.* 30. *vel* 40. *annor.* Le ſecond, que le Fief forme entre le Seigneur & le Vaſſal une obligation mutuelle & réciproque de foi qui ne peut ſe preſcrire, ſuivant l'art. 3. du tit. 12. de la Cout. de Berry , & le 23. de celle de Troyes ; & ſuivant un paſſage de Dumoulin , qui dit que la preſcription *repugnat veritati & fidelitati quæ eſt peculiaris feudo.* Le troiſiéme , que les droits Féodaux ſont de pure faculté , & en conſequence impreſcriptibles ſuivant Dumoulin ſur l'art. 1. de la Cout. de Paris , gloſe 4. nomb. 15. Le quatriéme , que dans les Fiefs le Vaſſal n'a que le Domaine utile ; or il ne peut changer ſon Domaine utile en Domaine direct par trois principes. 1°. Que perſonne ne peut changer la cauſe de ſa poſſeſſion. 2°. Qu'on ne peut preſcrire contre ſon titre. 3°. Qu'il faut être proprietaire abſolu pour preſcrire, & poſſeder *pro ſuo & tanquam Dominus rei.*

L'Abbé de Chabannes répond enſuite aux autorités de Cujas & de Dumoulin , citées par Salvaing : Par rapport à la premiere, il ſembleroit , dit l'Abbé de Chabannes , que Cujas voudroit adopter la preſcription de 40 ans en matiere féodale ; or il n'y a perſonne qui oſât ſoutenir aujourd'hui une ſemblable opinion ; à l'égard de Dumoulin, l'Abbé de Chabannes dit ſeulement que ſon ſentiment a été unanimement condamné.

Quant aux exemples, aux Declarations & aux Préjugés , l'Abbé de Chabannes paſſe les principaux ſous ſilence , & l'on va voir comment il eſſaye de répondre aux autres. Enfin l'Abbé de Chabannes cite douze Arrêts, par leſquels il prétend que la preſcription centenaire a été rejettée en Dauphiné.

Tels ſont les argumens & les préjugés ſur leſquels l'Abbé de Chabannes fonde ſa premiere propoſition ; il faut y répondre avant que de paſſer à la ſeconde.

L'impreſcriptibilité dont il eſt parlé dans la loi *Comperit*, n'a lieu que pour les Tributs & autres droits dûs au Souverain en ſigne de ſa ſuperiorité univerſelle, *in ſignum ſubjectionis , & ſuperioritatis univerſalis* ; & cette loi n'a aucune application aux droits dûs au Souverain ou à d'autres en reconnoiſſance du Domaine direct , *in recognitionem Dominii directi.* C'eſt le ſentiment de Bartole ſur la même Loi , & de Cujas en ſa Conſultation 54. de ſorte que ceſſant le cas de la Loi, c'eſt-à-dire quand il s'agiſſoit de droits dûs au Souverain à tout autre titre qu'en ſigne de ſa ſuperiorité univerſelle ; en un mot, dans tout ce qu'il poſſedoit comme particulier, *in rebus quas poſſidet ut privatus,* le Souverain étoit aſſujetti par le droit Romain à la regle generale des preſcriptions ; & parmi nous ſans recourir à des exemples étrangers , les Fiefs & les Cenſives qui appartiennent au Roi dans le Dauphiné ſont ſujets à la preſcription centenaire.

C'eft ce qui réfulte de la Déclaration d'Henry II. du 15 Janvier 1555. (rapportée par Salvaing pag. 84 & 85, avec l'Arrêt d'enre-giftrement au Parlement de Grenoble du 14 Août 1556.) par la-quelle le Roi s'eft lui-même affujetti à la prefcription centenaire pour les droits & chofes à lui appartenantes dans le Dauphiné. C'eft encore ce qui eft prouvé par un Edit du mois d'Octobre 1658. où le feu Roi declare, qu'au moyen du Franc-aleu qui a lieu en Dauphiné, & de la prefcription centenaire à laquelle Henry II. s'eft foumis par la Declaration de 1555. la plûpart des Fiefs, Cenfes & Direc-tes du Domaine ont été prefcrites, & les Fiefs & fonds fujets aux Cenfes du Roi font devenus par ce moyen allodiaux, ce qui a beau-coup diminué les droits du Roi dans la Province du Dauphiné.

L'une des confequences que l'on doit tirer de cette Declaration & de cet Edit, eft que la Loi *Comperit* ne peut s'appliquer aux Fiefs & Cenfes directes que le Roy poffede ; comment donc de fimples particuliers pourroient-ils fe prévaloir de cette Loi pour leurs Fiefs & leurs Cenfives ?

Il eft vrai que Dumoulin compare le droit de Fief au droit de Souveraineté ; mais ce parallele a fes bornes, & Dumoulin lui-mê-me admet la prefcription centenaire en matiere feodale, encore bien qu'elle ne pût avoir lieu à l'égard des droits dûs au Souverain, *in fignum fubjectionis & fuperioritatis univerfalis.*

La reciprocité & la correfpondance de foi qu'il y a entre le Sei-gneur & le Vaffal, n'eft point un obftacle à la prefcription cente-naire. L'Abbé de Chabannes appelle mal-à propos à fon fecours les Coutumes de Troyes & de Berry ; car en fuppofant que ces Coutu-mes rejettaffent la prefcription centenaire, ce qu'il eft inutile d'exa-miner, les difpofitions de ces deux Coutumes ne dérangeroient point l'ufage contraire du Dauphiné. Quant au paffage de Dumoulin, il ne peut s'appliquer qu'à la prefcription ordinaire, & non pas à la prefcription centenaire, qui, felon lui, *habet vim conftituti*, & qui éteint tous les engagemens du Vaffal ; & comme il n'eft pas douteux que nonobftant la reciprocité de foi le Seigneur de Fief ne puiffe perdre fa Feodalité de deux manieres, ou en y renonçant par un acte formel, ou en donnant lieu par fon fait à la Commife, cette même reciprocité de foi n'empêche point auffi la prefcription cente-naire, qui eft fondée fur la préfomption de droit, que le Vaffal a ac-quis fa liberté de l'une ou de l'autre de ces manieres.

Quant au moyen qui confifte à dire, que les droits de pure faculté font imprefcriptibles, Salvaing y répond par une diftinction entre les droits de pure faculté, qui tirent leur origine du droit public, & qui ne tombent point dans le commerce, & ceux qui dérivent d'une convention particuliere ; mais voici une réponfe qui détruit l'ob-jection d'une maniere encore plus convaincante.

Il eft vrai que les droits de pure faculté, du moins ceux qui pro-cedent de la nature ou de la Loi, ne font point fujets à la prefcrip-tion ; tel eft le droit de paffer par un chemin public, *viam publicam populus non utendo amittere non poteft*, dit le Jurifconfulte en la Loi 1. *ff. de via publ. & itin. publ. refic.* Telle est aussi la faculté de racheter une rente constituée à prix d'argent ; le débiteur de cette rente fût-il plusieurs siecles sans en rembourser le principal, ne perd pas pour cela le droit d'en faire le remboursement. Il en est de même du pouvoir que l'art. premier de la Coutume de Paris donne au Seigneur Feodal, de saisir le Fief mouvant de lui, faute d'homme, droits & devoirs non faits & non payez ; quand le Seigneur n'auroit jamais usé de cette voie que la Loi lui donne, soit que le Fief eût toujours été exactement servi, soit qu'il eût mis d'autres moyens en usage pour obliger ses Vassaux à remplir leurs engagemens, on ne peut, dit Dumoulin sur l'art. premier de la Coutume de Paris, gl. 4. nomb. 15. opposer de prescription au Seigneur pour l'empêcher de saisir feodalement : C'est à cette occasion que Dumoulin pose pour maxime, que dans les actes qui dépendent de la pure & libre faculté d'une personne qui peut faire ou ne pas faire, & se servir d'une certaine voie, ou en prendre une autre, on ne peut opposer à cette personne qu'elle n'a point usé pendant un certain temps de la faculté qu'elle avoit, & conclure de-là qu'elle est prescrite, *in actibus qui dependent à liberâ facultate unius qui potest facere vel non , &c.*

Mais quelle application veut-on faire de cette maxime à l'espece particuliere ? Le droit de saisir feodalement est une pure faculté, ainsi tant que le Fief subsiste, cette faculté ne peut être prescrite ; mais le Fief en lui-même, le droit d'obliger le Vassal à faire la foi & hommage, & à donner des aveux & dénombremens à chaque mutation ; l'action que le Seigneur a contre son Vassal pour le payement des droits utiles aux mutations qui en produisent , tout cela passera-t'il pour une pure faculté ? Si cela est, il faut donner le même nom à toute sorte de droits & d'actions, & il faut conclure qu'il n'en est point où la prescription puisse être admise ; mais sans se livrer à cet égard à des dissertations inutiles, Dumoulin nous apprend qu'il faut distinguer le Fief en lui-même, de la faculté que le Seigneur a de proceder par voie de saisie feodale ; puisqu'après avoir établi que la prescription telle qu'elle soit ne peut avoir lieu contre cette faculté, tant que le Fief subsiste, il décide dans un autre endroit que le Fief même peut être prescrit par une entiere inaction de la part du Seigneur durant l'espace de cent années.

Le Vassal n'a que le domaine utile de son Fief, & le domaine direct en appartient au Seigneur ; c'est une maxime trivialle, mais on n'en peut tirer aucune induction contre la prescription centenaire, qui (comme le dit Dumoulin) *habet vim constituti* , & qui est fondée sur la présomption de droit, ou que le Vassal a été affranchi par quelque acte, ou que le Seigneur a perdu la feodalité par un fait qui a donné lieu à la Commise.

Il est vrai que nul ne peut prescrire contre son Titre ; que personne ne peut changer la cause de sa possession , & que pour prescrire , il faut posseder pour soi-même ; mais ces trois maximes dont la premiere renferme les deux autres, ne peuvent s'appliquer, selon Salvaing, chap. 94. qu'à ceux dont la possession est évidemment contraire

traire au Titre ; c'eft-à-dire, à qui leur propre Titre annonce qu'ils ne joüiſſent pas pour eux-mêmes, ni comme proprietaires, & qu'ils ne poſſedent que pour le Maître de l'heritage ; tels ſont le locataire, le fermier, le poſſeſſeur à titre de précaire, l'uſufruitier, qui ne peuvent acquerir de proprieté par la preſcription, parceque s'ils ont joüi, ce n'eſt qu'en vertu d'un Titre qui fait connoître qu'ils ont poſſedé pour d'autres ; d'où il ſuit que leur poſſeſſion n'eſt pas telle qu'il la faudroit pour preſcrire.

Mais un Vaſſal peut acquerir la liberté par la preſcription centenaire ſans preſcrire contre ſon Titre ; car depuis que les Fiefs ſont devenus patrimoniaux, les Vaſſaux ſont veritablement proprietaires de ceux qu'ils poſſedent, ils en joüiſſent comme de leur propre choſe ; ils poſſedent pour eux-mêmes, & non pour d'autres.

Il eſt vrai que la preſcription les affranchit de la fidélité & des autres obligations dont ils étoient tenus originairement ; mais ce n'eſt point là ce qu'on appelle preſcrire contre ſon Titre, & comme l'acquereur d'une Maiſon en conſerve la proprieté, quoiqu'il demeure quitte du prix par l'inaction du Vendeur pendant trente années, ou comme il acquiert par le même eſpace de temps la liberté des ſervitudes dont cette Maiſon a été chargée envers le Vendeur ; de même quand on feroit voir le Titre primitif d'une conceſſion en Fief, néanmoins le proprietaire du Fief oppoſeroit avec ſuccès qu'il a acquis par cent ans la liberté des charges qui lui ont été impoſées, & qui ſont autant de ſervitudes, ſurtout dans une Province où toutes les Terres ſont franches & allodiales de leur nature ; comment donc la preſcription centenaire ſeroit-elle rejettée dans un païs de Franc-aleu, lorſque le prétendu Seigneur ne rapporte aucun Titre de conceſſion ?

Il faut convenir avec l'Abbé de Chabannes, que ſi l'on vouloit admettre la preſcription quadragenaire en matiere de Fief, une ſemblable opinion ne ſeroit pas aiſément reçüe : auſſi Cujas ne l'admet-t'il pas : mais il dit que l'Empereur Frederic paroît l'avoir autoriſée en rejettant ſeulement celle de trente années, & il conclud que du moins la preſcription centenaire doit avoir lieu.

Quant à la déciſion de Dumoulin, ce n'eſt pas y répondre que de dire vaguement (comme fait l'Abbé de Chabannes) que ſon avis a été condamné unanimement ; il eſt vrai que depuis la réformation de la Coutume de Paris on n'y admet plus la preſcription centenaire, parce qu'elle eſt formellement excluſe par l'article 12. de la nouvelle Coutume ; mais Dumoulin ayant écrit avant cette réformation, il n'a fait aucune difficulté de décider en faveur de la preſcription centenaire, parce qu'il n'y avoit pour lors aucune Loi qui la rejettât expreſſément ; de ſorte que ſi la déciſion de Dumoulin n'eſt plus ſuivie dans la Coutume de Paris, elle doit l'etre, & l'eſt en effer par tout où il n'y a point de Loi contraire, & ſurtout en Dauphiné qui eſt un païs de franc-aleu, & où l'uſage de la preſcription centenaire eſt conſtant.

Les autorités de Cujas & de Dumoulin ne ſont pas les ſeules que

I

Salvaing ait citées, il en rapporte plufieurs autres aufquelles l'Abbé de Chabannes n'effaye pas même de répondre ; les principales font, 1°. Celle de Duaren *in Confuetudines Feudales, cap.* 16. qui dit précifément que quand on rejette la prefcription du Vaffal au Seigneur, on excepte toujours de cette maxime la prefcription centenaire, *nec loquimur de prefcriptione centum annorum, quæ poffeffio eft immemorabilis, cum inter Vaffalum & Dominum præfcriptionem vetari dicimus . . . . . . talis enim confuetudo habetur pro pacto.* 2°. Celle de M. Expilli en fon Plaidoyer 27. n. 10. & 21. où il prouve l'ufage de la prefcription centenaire en Dauphiné. 3°. Celle de Gui Pape en fa queftion 313. où il dit qu'en Dauphiné, *franci homines dicuntur dupliciter, uno modo qui liberi funt à præftatione alicujus homagii, fic quod tali conditioni nunquam fuerunt adftricti, vel fi fuerint adftricti, qui pacto feu remiffione, aut principis refcripto, vel præfcriptione fuerunt à tali conditione liberati.*

Il faut paffer maintenant à la difcuffion des préjugés que l'Abbé de Chabannes oppofe contre la prefcription centenaire, & à l'examen de ceux qui en confirment l'ufage établi de tout temps dans la Province du Dauphiné.

Des douze Arrêts cités par l'Abbé de Chabannes, il y en a neuf que Salvaing s'eft oppcfés à lui-même dans les treize & quatorziéme Chapitres de fon Traité de l'Ufage des Fiefs ; l'Abbé de Chabannes a puifé les trois autres ailleurs.

Mais il faut d'abord écarter ces trois Arrefts, parce que les efpeces n'en font point expliquées dans les endroits d'où l'Abbé de Chabannes les a tirés.

A l'égard des neuf autres Arrefts, il paroît que le premier en datte du 27 Juillet 1626. & qui eft auffi rapporté par Expilli chapitre 217. a jugé contre la prefcription centenaire ; mais il s'agiffoit du Domaine du Roi, ainfi l'on n'en peut argumenter entre particuliers : d'ailleurs Salvaing obferve que lors de cet Arreft on avoit perdu de vûë la Déclaration du 15 Janvier 1555. mais il ajoute que depuis elle a repris toute fa force, & que la prefcription centenaire a toujours été admife contre le Roi même ; il en rapporte un Arreft du 27 Aouft 1654. qui eft d'autant plus autentique qu'il fut rendu en forme de Reglement, & qu'il ordonna expreffément l'execution de la Déclaration de 1555.

Le fecond Arrêt de 1626. n'a point jugé que la prefcription centenaire n'eut pas lieu en Dauphiné, mais que celle qui étoit oppofée avoit été interrompuë par une interpellation de la part du Seigneur ; & quoique le Seigneur foutint que les Fiefs n'étoient pas fujets à la prefcription, Salvaing affure que le fait de l'interpellation fut l'unique motif de l'Arreft, & qu'il l'a appris des Juges même. L'Abbé de Chabannes objecte que Salvaing ne rapporte pas la datte de cette interpellation ; mais puifque Salvaing lui fournit cet Arrêt, peut-il s'en fervir & le détacher des circonftances dans lefquelles cet Auteur dit que l'Arrêt a été rendu & des motifs qui l'ont fait rendre. Or on demande fi un Arreft intervenu fur de pareils motifs, eft un préjugé contre l'ufage de la prefcription centenaire en Dauphiné ; & fi au contraire, le même Arreft n'eft pas une preuve convaincante de cet ufage ?

Salvaing nous apprend aussi que l'Arrêt du 23 Mars 1635. a simplement jugé que dans le fait la prescription n'étoit pas acquise, & c'est (dit-il) ce qui resulte des pieces même visées dans l'Arrest & de son Dispositif.

Quant aux deux Arrests des 26 Janvier & 16 Decembre 1643. Salvaing annonce qu'ils paroissent contradictoires ; mais il assure en même temps comme un fait notoire que ces deux Arrests ont néanmoins été passés d'accord entre les Parties.

Par rapport à celui du 6 Aoust 1648. Salvaing declare n'avoir pas vû les pieces sur lesquelles il est intervenu ; mais il estime que cet Arrest a eu sa raison particuliere. L'Abbé de Chabannes n'est pas satisfait de cette réponse ; mais comme c'est lui qui veut argumenter de cet Arrest, c'est à lui d'indiquer où l'on en trouvera l'espece, afin que l'on puisse connoître s'il doit operer quelque chose en sa faveur.

A l'égard de l'Arrest du 7 Février 1652. Salvaing dit veritablement qu'il s'agissoit d'un Hommage réciproque entre Artaud de Beaumont Seigneur de la Maison-Forte de la Frette, & la Dame de Beaumont; mais il ajoûte, que le Seigneur de la Maison-Forte ne pouvant opposer la prescription sans qu'elle réfléchit contre lui, il fut obligé de consentir à ce jugement, de sorte que c'est encore un Arrest passé de concert comme ceux de 1643.

Enfin les deux Arrêts des 15 Juillet 1647. & 15 Decembre 1653. font décisifs contre la prétention de l'Abbé de Chabannes, bien loin de lui donner quelque avantage. Par le premier Loüis de Dorne fut condamné de faire hommage au Chapitre de S. Chef du Château de Montcara qu'il avoit acquis ; mais en même temps il fut déchargé des lods prétendus par le Chapitre ; & le Chapitre ayant pris Requête civile contre ce premier Arrêt, il fut confirmé par le second, *soit*, dit Salvaing, *que le Parlement jugeât que c'étoit un Fief d'honneur, qui n'étant pas sujet aux droits de lods, ne le devoit pas être à prescription ; soit qu'il eût pour motif, que ce qui n'est pas de la substance du Fief comme les lods, peut être indubitablement prescrit par le Vassal contre le Seigneur. Ut puta certas & speciales libertates præscribere potest, puta cum Feudum vendit ut nulla Domino debeantur Laudimia,* comme dit Pontanus sur la Coutume de Blois, tit. 4. art. 37.

Deux consequences résultent de l'observation faite par Salvaing. La premiere, que tous les Fiefs ne font pas sujets à des droits utiles, & qu'il est en Dauphiné des Fiefs d'honneur pour raison desquels il n'en est point dû : Or tout concourt à prouver que le Fief qui fait l'objet de la presente contestation doit être mis dans cette classe. La seconde, que les lods font si peu de l'essence des Fiefs mêmes qui y font sujets, que l'assujettissement à ces sortes de droits peut être prescrit dans de certaines conjonctures, sans que la prescription frappe contre le Fief en lui-même ; ainsi à regarder le Fief dont il s'agit comme un Fief ordinaire sujet à des droits Seigneuriaux, il seroit du moins prescrit à l'égard des mêmes droits qui font l'unique objet de la prétention de l'Abbé de Chabannes ; de sorte qu'elle est également détruite par les Arrêts de 1647. & de 1653. soit qu'on re-

garde le Fief en queſtion comme exempt de droits utiles , ou comme y étant ſujet; au premier cas, n'en ayant jamais produit aucuns,
il n'en doit pas encore produire ; au ſecond cas , il en eſt affranchi
par la preſcription centenaire.

Il ne faut pas néanmoins s'imaginer , ſous prétexte de l'Arrêt de
1647. que la preſcription centenaire n'ait lieu en Dauphiné que par
rapport aux droits utiles , & que le Fief même ſoit à couvert de cette
ſorte de preſcription ; car d'un côté Salvaing dit avoir appris des
Juges qu'il ne s'en fallut que d'une voix que le Fief même ne fût déclaré preſcrit , & Loüis de Dorne abſous de l'hommage par le premier Arrêt , & que s'il eût pris une Requête civile, comme avoit
fait le Chapitre , il l'auroit été ſans doute par le ſecond : De l'autre,
on va voir qu'il y a une infinité d'Arrêts qui admettent formellement, & à tous égards, la preſcription centenaire en Dauphiné.

L'on trouve dans le chap. 14. de Salvaing huit Arrêts du Parlement de Grenoble, qui ont jugé en faveur de cette preſcription ;
il en a puiſé ſix dans les Plaidoyers de M. Expilly, chap. 183. le ſeptiéme eſt intervenu le 4 Août 1633. en faveur de François Perrin
contre l'Evêque de Grenoble, & le huitiéme eſt celui du 27 Août
1654. duquel on a parlé ci-deſſus, & qui fut rendu contre un Fermier
des droits du Roy. Veritablement lors de ces Arrêts il ne s'agiſſoit ,
ſelon toute apparence, que d'emphiteoſes; mais quoiqu'en diſe l'Abbé de Chabannes, la conſéquence eſt infaillible de l'emphiteoſe au
Fief en matiere de preſcription ; puiſque ſi l'un differe de l'autre en
quelque choſe , ils ont auſſi beaucoup de rapport, & ſurtout il faut
convenir que le Fief & l'emphiteoſe ont une parfaite reſſemblance
dans le point qui paroîtroit le plus contraire à la preſcription ; c'eſt-
à-dire , en ce que l'emphiteote a ſeulement le Domaine utile comme
le Vaſſal , & que le Domaine direct appartient au Seigneur Cenſier,
de même qu'au Seigneur Feodal.

Mais continuons à examiner les exemples & les préjugez favora-
bles à la preſcription centenaire des Fiefs.

Salvaing rapporte d'abord chap. 13. une Tranſaction de 1526. par
laquelle il paroît que le Seigneur convenoit de la preſcription centenaire en Dauphiné; mais il alleguoit ſeulement que les Parties s'étoient
ſoumiſes à la Juriſdiction du Bailliage de S. Marcellin qui ne l'admet-
toit point ; cependant il fut convenu que le Vaſſal demeureroit affranchi à perpetuité de la foi & hommage , moyennant 370 écus
d'or. L'Abbé de Chabannes obſerve à cet égard , 1°. Que le Bailliage de S. Marcellin rejette la preſcription centenaire. 2°. Que le
Vaſſal ayant payé une ſomme à ſon Seigneur, l'affranchiſſement auquel il a conſenti ne conclut rien pour la preſcription. Mais quand
on auroit douté lors de cet Arrêt ſi la preſcription centenaire avoit
lieu ou non dans le Bailliage de S. Marcellin, le Comte de Valbelle
fera voir qu'elle y eſt admiſe aujourd'hui ; d'ailleurs il y a bien de
l'apparence que dès 1526. l'uſage de ce Bailliage n'étoit pas diffé-
rent de celui de toute la Province de Dauphiné, puiſque le Seigneur
abandonna

abandonna pour une fomme modique fa mouvance fur une Terre confidérable.

Le fecond préjugé eft un Arrêt de 1570. il eft vrai (comme l'Abbé de Chabannes l'obferve) que cet Arrêt a jugé contre le Vaffal qui alleguoit la prefcription ; mais Salvaing nous apprend (& c'eft à quoi l'Abbé de Chabannes ne répond pas) que d'un côté les Seigneurs Feodaux étoient convenus de l'ufage de la prefcription centenaire, & qu'ils effayoient de s'y fouftraire, en difant qu'il n'y avoit point eu d'alienation qui eût engendré des droits de lods ; de l'autre, que cette objeétion ne fut pas même écoutée, & que le feul motif de l'Arrêt fut que la prefcription avoit été interrompuë ; ainfi cet Arrêt prouve l'ufage de la prefcription centenaire en Dauphiné, non feulement quand il y a eu mutation par vente, mais encore quand les differens Vaffaux font devenus poffeffeurs à Titre fucceffif.

Salvaing rapporte pour troifiéme préjugé un Arrêt du premier Février 1634. par lequel il fut ordonné que dans quinzaine, fans préjudice des fins de non-recevoir avancées par le Vaffal, qui foutenoit fon Fief prefcrit, & fauf à y être fait droit, même par un préalable, s'il y échoit, le Seigneur déduiroit & articuleroit plus amplement fes Titres. L'Abbé de Chabannes demande fi c'eft là un préjugé ; mais on lui demande à fon tour, fi ce n'en eft pas un ; car fi la prefcription n'avoit pas été admife en Dauphiné, on n'eût pas manqué de la rejetter, au lieu de referver, comme on fit les fins de non recevoir, fondées fur cette prefcription ; puifqu'il y avoit des hommages précedens, & que le Titre primitif du Fief étoit même rapporté.

Mais Salvaing rapporte un quatriéme préjugé au-deffus de toute replique ; c'eft un Arrêt rendu en 1649. après des conférences tenuës entre des Commiffaires du Parlement & de la Chambre des Comptes du Dauphiné, du nombre defquels étoit notre Auteur ; ces Commiffaires députez pour faire un Reglement general fur l'ufage de la Province, déciderent que la prefcription centenaire y avoit lieu *en matiere de Fiefs auffi-bien que d'emphiteofe* : On ne peut certainement défirer un préjugé plus autentique, auffi l'Abbé de Chabannes n'a-t-il pas même entrepris d'y répondre, parce qu'il s'eft trouvé dans l'impoffibilité de le faire.

Enfin qu'il foit permis de rappeller ici la Declaration de 1555. mentionnée ci-deffus ; elle prouve d'une maniere invincible que la prefcription centenaire a lieu en Dauphiné, même par rapport aux Fiefs & aux Cenfives qui appartiennent au Roy. Comment donc des Seigneurs particuliers voudroient-ils s'y fouftraire ? Il eft vrai que d'un côté Salvaing n'applique la Declaration de 1555. qu'aux cenfes & direétes qui appartiennent au Domaine, & non pas aux Fiefs qui relevent du Roy : De l'autre, l'Abbé de Chabannes objeéte que cette Déclaration n'a point dérogé à l'Ordonnance de 1539. & qu'elle n'a fait que laiffer les chofes dans le droit commun.

L'on pourroit fe difpenfer de répondre à cette objeétion de l'Ab-

bé de Chabannes , & à la diſtinction que Salvaing voudroit faire entre les Fiefs & les Cenſives appartenantes au Roy , puiſqu'il ne s'a-
git dans notre eſpece ni de Fiefs , ni de Cenſives du Domaine ;
néanmoins on va prouver que la Declaration de 1555. renverſe en
même temps la diſtinction faite par Salvaing , & l'objection de
l'Abbé de Chabannes.

En effet , cette Declaration a été donnée ſur la remontrance des
trois Etats de Dauphiné , qui ſe plaignoient de ce qu'au préjudice
de l'uſage de la preſcription centenaire , les Gens du Roy du Parlement de Grenoble vouloient en excepter *les droits , choſes & matieres*
où le Roy avoit interêt ; & c'eſt là-deſſus qu'Henry II. déclare que
ſon intention eſt , qu'il en ſoit uſé à l'avenir comme par le paſſé.
Or cette diſpoſition emporte neceſſairement une dérogation pour la
Province de Dauphiné à l'Ordonnance de 1539. qui déclaroit ſim-
plement tous les droits du Domaine impreſcriptibles ; & ſi les choſes ſont laiſſées dans le droit commun , la Declaration même nous
apprend , que ſuivant le droit commun du Dauphiné , *les droits , cho-*
ſes & matieres appartenantes au Roy , étoient ſujettes à la preſcription centenaire comme les Fiefs & Cenſives des particuliers ; d'un
autre côté , les termes de la Déclaration étant generaux comprenn-
nent également les Fiefs & les Cenſives que le Roy poſſede en Dauphiné.

Mais ce qui leve toute équivoque , & ce qui établit invinciblement la preſcription centenaire , même contre le Roy , tant par
rapport aux Fiefs , qu'à l'égard des Cenſives ; c'eſt l'Edit de 1658.
où le feu Roy déclare, qu'au moyen de la preſcription centenaire qui
a lieu en Dauphiné par une ſuite du Franc-aleu , & au moyen de la
Déclaration de 1555. la plûpart *des Fiefs* & Cenſives du Roy ont été
preſcrites. *Au moyen de laquelle preſcription* (ce ſont les termes de l'E-
dit) *la plûpart de nos Fiefs , Cenſes , & Directes ont été preſcrites , par la*
négligence de ceux qui étoient chargez de la reconnoiſſance & du recouvrement
deſdits droits , & les Fiefs & Fonds ſujets auſdites Cenſes devenus par ce
moyen allodiaux.

Ainſi tout concourt à établir qu'en Dauphiné le Vaſſal acquiert la
liberté par la preſcription centenaire : voyons maintenant ſi comme l'Abbé de Chabannes le ſoutient dans ſa ſeconde propoſition , le
Fief dont il s'agit doit être excepté de la regle generale du Dauphiné.

L'Abbé de Chabannes fait à cet égard huit Objections. 1°. Dit-
il , la Coſeigneurie de Serres eſt ſituée dans le Bailliage de Saint
Marcellin , qui n'admet pas la preſcription centenaire. 2°. Il y a
dans le Fief en queſtion une réciprocité d'engagemens qui s'oppoſe
à la preſcription. 3°. La Tranſaction de 1322. a toujours été exe-
cutée , & l'eſt encore par rapport aux droits qui ont été communi-
qués au Seigneur de Breſſieu. Or cette Tranſaction eſt un des titres
conſtitutifs de la féodalité , diviſera-t-on les clauſes d'un ſeul & même Acte ? 4°. Le Seigneur de Breſſieu joüira-t-il des droits qui lui
ont été concedés , ſans accomplir les charges de la conceſſion ? Sal-

vaing obfervé page 457. que fi le Contrat eft obligatoire de part
& d'autre, & que l'une des Parties ait accompli ce à quoi l'Acte l'o-
blige, l'autre doit auffi executer ce qu'elle a promis , fans qu'elle
puiffe alleguer de prefcription. 5°. Quand la prefcription centenaire auroit lieu pour les Fiefs ordinaires , elle ne feroit pas admife
contre des Fiefs par rapport aufquels il y a une prohibition d'aliener. 6°. Dans l'efpece particuliere la vente qui a été faite au Comte
de Valbelle eft la premiere qui ait engendré des droits de Lods. 7°.
Par l'Hommage qu'Antoine de Poifieu a rendu au Dauphin en 1450.
le Fief que le Seigneur de Breffieu tenoit de l'Abbaye de faint Pierre
eft devenu un Arriere-fief du Dauphin , & depuis de la Couronne de
France ; ainfi la prefcription frapperoit par contre-coup fur le Roi
dont le Domaine eft neanmoins imprefcriptible. Enfin l'Abbé de
Chabannes argumente de la démarche qu'il fuppofe avoir été faite
par le Comte de Valbelle , pour foumettre immédiatement au Roi
la Cofeigneurie de Serres.

L'on doutoit peut-être lors de la Tranfaction de 1526. que nous
avons examinée ci-deffus, fi le Bailliage de Saint Marcellin admet-
toit la prefcription centenaire en matiere féodale ; cependant il y a
lieu de préfumer que dès-lors ce Bailliage fe conformoit à l'ufage
établi dans toute la Province de Dauphiné , puifque l'on voit par
cette Tranfaction un Seigneur féodal abandonner fa mouvance fur
une Terre confiderable, & le Vaffal fe liberer à perpetuité de l'Hommage pour une fomme de 370 écus d'or. Mais fi l'on fuppofe qu'en
1526. le Bailliage de Saint Marcellin eût un ufage contraire, c'étoit
avant la Declaration de 1555. l'Arrêt de Reglement de 1649. & l'E-
dit de 1658. Or, dira-t-on, que ces Loix generales n'ayent pas eu leur
execution dans un feul Bailliage du Dauphiné , quoique les appellations de ce Bailliage reffortiffent au Parlement de Grenoble, où la Declaration de 1555. a été enregiftrée, & d'où eft émané le Reglement de
1649. Mais ce qui decide contre cette premiere objection de l'Abbé
de Chabannes, c'eft un Certificat donné au Comte de Valbelle par les
Officiers du Bailliage de Saint Marcellin, qui atteftent que dans l'é-
tenduë de leur Jurifdiction, le Franc-aleu fans titre & la prefcription
centenaire ont lieu , comme dans toute la Province de Dauphiné.

La feconde Objection de l'Abbé de Chabannes tombe d'elle-même , la reciprocité d'engagemens portés par la Tranfaction de 1322.
ne peut être un obftacle à la prefcription centenaire ; & l'on ne peut
argumenter à cet égard de l'Arrêt de 1652. rendu entre le Seigneur
de la Maifon-Forte & la Dame de Beaumont , parce que cet Arrêt ,
comme on l'a ci-deffus obfervé, fut rendu du confentement des Parties. Si le Seigneur de la Maifon-Forte avoit voulu foutenir la prefcription par lui oppofée, il eftoit indifpenfable de la juger en fa faveur ; mais l'on eût auffi declaré prefcrit l'hommage qui lui étoit dû
par la Dame de Beaumont ; il aima donc mieux renoncer à faire valoir
une prefcription qui réflechiffoit contre lui. Au refte, ce qui tran-
che toute difficulté, c'eft que de deux chofes l'une, ou les engagemens reciproques portés par la Tranfaction de 1322. ne donnent

aucune superiorité à l'Abbé de saint Pierre, auquel cas on ne peut regarder le Fief en question comme sujet à des droits utiles ; ou malgré la reciprocité des engagemens on regardera les Seigneurs de Bressieu comme les Vassaux de l'Abbaye de saint Pierre, & en ce cas l'objection particuliere de l'Abbé de Chabannes n'a pas plus de force que l'objection generale qu'il fait résulter de la reciprocité de foi entre le Seigneur & le Vassal. Or cette objection generale a été ci-dessus détruite, & l'on a prouvé que nonobstant la reciprocité de foi entre le Seigneur & le Vassal, l'usage de la prescription centenaire est constamment suivi en Dauphiné.

L'on répond en même tems aux troisiéme & quatriéme Objections de l'Abbé de Chabannes. Elles ne mettent pas le Fief dont il s'agit dans une classe distinguée des autres Fiefs; au contraire, quand il suppose que la Transaction de 1322. est un titre constitutif de la féodalité, & que les Seigneurs de Bressieu sont redevables à la concession de l'Abbaye de saint Pierre de tout ce qu'ils possedent à Serres ; il est évident que tout son objet est de placer (s'il lui étoit possible) le Fief en question au nombre des Fiefs ordinaires formés par la concession des Seigneurs féodaux, & sujets à des droits utiles.

Or dans cette supposition que l'on admet pour un moment, si d'un côté on s'attache aux veritables principes, il est certain que le titre de concession en Fief n'est point un obstacle à la prescription centenaire, & que l'inaction du Seigneur durant 100 années affranchit le Vassal des charges qui lui ont été imposées par l'Acte de concession, encore bien qu'il ait toujours joüi & qu'il demeure en possession des biens qui lui ont été concedés. C'est une verité que le Comte de Valbelle a ci-dessus demontrée en discutant le quatriéme Moyen proposé par l'Abbé de Chabannes contre la prescription centenaire en general. D'un autre côté, toutes les fois qu'un Vassal se sert de la prescription centenaire, il joüit réellement des biens qui lui ont été concedez en Fief ; ainsi le Seigneur seroit en droit de dire (comme fait l'Abbé de Chabannes) que le titre de concession ayant été executé de sa part, il doit l'être aussi de la part du Vassal ; cependant cette raison n'empêche pas que la prescription centenaire ne soit constamment reçüe en matiere féodale dans la Province de Dauphiné ; c'est encore ce que l'on a prouvé ci-dessus de la maniere la plus convaincante.

Ainsi cet usage constant de la Province du Dauphiné, & les principes qui ont été établis dans la these generale renversent absolument les deux Objections dont il s'agit, puisque l'on n'y voit rien de particulier qui mette l'Abbé de Chabannes dans l'exception du droit commun & de l'usage universel du Dauphiné.

Suivons neanmoins l'Abbé de Chabannes jusques dans ses derniers retranchemens. L'on convient avec lui que Salvaing *a mieux expliqué que personne ce theoreme du droit, qu'il n'est pas permis de prescrire contre son titre*, & l'on peut dire que son chapitre 94. ne laisse rien à desirer sur cette matiere, mais ce n'est pas sans doute l'Abbé de Chabannes qui devroit invoquer le suffrage de cet Auteur.

En

En effet , c'eſt M. Salvaing qui nous a fourni toutes les obſervations ci-deſſus propoſées ſur cette maxime ; c'eſt lui qui nous aſ-
ſure qu'elle s'applique ſeulement aux fermiers, aux uſufruitiers,
& à d'autres ſemblables poſſeſſeurs, qu'elle ne peut ſervir d'ob-
ſtacle à la preſcription centenaire en faveur du Vaſſal, & qu'en effet
nonobſtant la même maxime l'uſage de cette preſcription centenaire eſt conſtamment établi dans la Province de Dauphiné.

Quant au paſſage de Salvaing , dont l'Abbé de Chabannes voudroit argumenter, il a deux Parties.

En premier lieu , Salvaing diſtingue dans toute ſorte de Contrats
les clauſes qui ſont de l'eſſence & de la ſubſtance d'un Acte , & ſans
leſquelles il ne peut ſubſiſter, des clauſes qui y ſont accidentelles.
Par rapport aux premieres, il decide qu'elles ſont indiviſibles, &
que l'une ne peut ſubſiſter ſans l'autre ; de ſorte que quiconque ſe
ſerviroit d'un titre ne pourroit alleguer la preſcription contre certaines clauſes eſſentielles du même titre. Il propoſe pour exemple
la faculté de racheter une rente conſtituée à prix d'argent ; cette
faculté ne peut être preſcrite, parce qu'elle eſt de l'eſſence du Contrat de conſtitution ; mais à l'égard des clauſes accidentelles qui ſont
de convention & hors de la nature du Contrat, elles peuvent ſe preſcrire,
encore bien que les autres clauſes de l'Acte ayent reçû leur execution ; Salvaing rapporte pour exemples la faculté *de remere* inſerée
dans un Contrat de vente, & la ſervitude dont un heritage a été
chargé envers le vendeur ; comme ces clauſes ſont de pure convention , & ne procedent point de la nature du Contrat, elles ſe preſcrivent par 30 années.

En ſecond lieu , notre Auteur excepte même par rapport aux
clauſes accidentelles celles qui ſont obligatoires de part & d'autre ,
& il decide que ſi l'une des Parties les a executées de ſa part , l'autre
ne peut ſous prétexte de preſcription ſe diſpenſer de les remplir.
Mais il explique enſuite cette déciſion , & la reſtraint au cas où celui qui oppoſe la preſcription contre une des clauſes de l'Acte, demande en même tems l'execution des autres clauſes ; *tellement (ce
ſont les termes de Salvaing) qu'il faut tenir pour une maxime conſtante
& indubitable que toutes les fois que quelqu'un produit un Acte en Juſtice
qu'il employe pour fondement de ſon intention , ou qu'il en demande l'execution , ſi par cet Acte il eſt obligé à accomplir de ſa part quelque choſe , alors il
ne peut ſe défendre d'executer ce qu'il a promis , bien qu'autrement il eût pû
s'en garentir par la force de la preſcription.*

Suivant ces principes , il eſt évident que la Tranſaction de 1322.
ne peut empêcher la preſcription du Fief dont il s'agit, & de tout
ce que l'on ſuppoſe en être une ſuite : il y en a trois raiſons également
déciſives.

La premiere , c'eſt l'Abbé de Chabannes qui veut argumenter de
cet Acte, le Comte de Valbelle ne s'en ſert point, il n'en demande
point l'execution, & il n'en a pas beſoin , puiſque les Seigneurs de
Breſſieu ſont en poſſeſſion depuis cinq ſiécles au moins de leur moitié dans la Coſeigneurie de Serres , & que la Tranſaction de 1322.

ne contient qu'une declaration des droits qui leur appartenoient depuis très-longtems.

La seconde, il est sensible que les reconnoissances reciproques ausquelles les Parties se sont soumises par la Transaction de 1322. doivent être placées au rang des clauses accidentelles & de pure convention ; il faudroit mettre dans la même classe l'obligation de payer des droits utiles en cas de vente, s'il y en avoit une pareille dans cet Acte.

La troisiéme enfin , les prédecesseurs de l'Abbé de Chabannes ont cessé de remplir depuis 1514. c'est-à-dire depuis plus de 200 années l'obligation à laquelle ils étoient assujettis (suivant l'Acte de 1322.) de reconnoître à chaque mutation le droit de Garde appartenant au Seigneur de Bressieu. Ce Seigneur a donc pû prescrire contre l'engagement qui avoit été contracté de sa part , de reconnoître le Fief dont il s'agit à chaque mutation , & contre tout ce que l'on suppose être une suite de cet engagement.

La cinquiéme Objection de l'Abbé de Chabannes n'est pas plus solide que les quatre premieres ; la prohibition d'aliener portée par la Transaction de 1322. est reciproque entre les Parties ; & par cette raison jointe à bien d'autres, il n'est pas possible de regarder le Fief en question comme un Fief ordinaire, & l'on ne pourroit supposer que cette prohibition d'aliener dût engendrer des droits utiles , sans conclure que la moitié de la Coseigneurie de Serres qui appartient à l'Abbé de Chabannes y est aussi sujette , & sans que les Abbés de Saint Pierre , comme Gens de main-morte , fussent obligés de payer tous les vingt ans au Seigneur de Bressieu les Lods de cette moitié. Mais il suffit d'observer que de deux choses l'une, ou la prohibition d'aliener est absoluë (comme on le fera voir dans la suite) & dans ce cas il est indispensable de declarer nulle la vente qui a été faite au Comte de Valbelle, ce qui fait tomber la prétention de l'Abbé de Chabannes ; ou comme l'Abbé de Chabannes le soutient sans aucun prétexte, la prohibition d'aliener est relative à l'inalienabilité originaire des Fiefs ; & comme les Fiefs qui étoient originairement inalienables sont devenus patrimoniaux & susceptibles d'alienation, à la charge seulement du payement des Lods & autres droits suivant les differentes Coutumes, la prohibition d'aliener portée par la Transaction de 1322. n'est point absoluë, mais elle doit se résoudre en droits utiles ; & dans cette supposition la clause dont il s'agit n'ajouteroit rien au Fief en lui-même, elle constitueroit seulement un Fief ordinaire sujet à des droits Seigneuriaux ; d'où il suit que cette même clause n'empêcheroit point la prescription centenaire , tant pour le Fief que pour les Lods qui seroient dans le systême de l'Abbé de Chabannes une consequence de la prohibition d'aliener.

La sixiéme Objection se trouve suffisamment détruite par ce qui a été ci-dessus observé, en établissant l'usage certain de la prescription centenaire dans la Province de Dauphiné , & en appliquant cet usage à l'espece particuliere. L'on a vû d'un côté que le silence du

Seigneur pendant 100 ans opere la prescription du Fief, quoiqu'il n'y ait pas eu de mutation qui ait donné lieu à des droits utiles ; & que quand il arrive de ces sortes de mutations, c'est une circonstance qui rend la prescription plus invincible, mais sans laquelle la prescription seroit neanmoins acquise ; d'un autre côté , qu'il y a eu pendant le cours de la prescription du moins une vente faite par autorité de Justice qui eut engendré des droits Seigneuriaux si le Fief en question y eût été sujet.

Il est facile de répondre en un mot à la septiéme Objection de l'Abbé de Chabannes. Quand la prescription opposée par le Comte de Valbelle frapperoit contre le Roi, il ne faudroit pas moins l'admettre, parce que les Fiefs même du Roi sont sujets à la prescription centenaire en Dauphiné , suivant la Declaration de 1555. & l'Edit de 1658. mais le Fief en question n'ayant jamais été porté en Arriere-fief par les Abbés de Saint Pierre, ni compris dans les Aveux & Denombremens donnés au Roi, ce Fief suivant Salvaing, & suivant le droit commun du Dauphiné , n'est point un Arriere-fief du Domaine, & ne pourroit tomber dans la mouvance immédiate du Roi ; ainsi le Comte de Valbelle n'est point dans la necessité de faire valoir l'usage de la prescription centenaire par rapport aux Fiefs & aux Censives que le Roi possede en Dauphiné.

Enfin le Comte de Valbelle repete ici qu'il ne s'est jamais présenté à la Chambre des Comptes de Grenoble pour rendre la Foi & Hommage de la Coseigneurie de Serres ; ainsi toutes les consequences que l'Abbé de Chabannes voudroit faire résulter de cette prétenduë demarche , tombent d'elles-mêmes.

De toutes les observations ci dessus, il faut conclure que ni dans la these generale ni par les circonstances particulieres , l'Abbé de Chabannes ne peut échaper à la prescription centenaire qu'on lui oppose.

Mais indépendamment de cette prescription , il est évident que les Titres des Abbés de Saint Pierre sont devenus caducs par leur propre fait ; c'est ce qui s'établit en un mot.

L'Abbé de Chabannes a produit parmi ses Titres un Acte du 20 Octobre 1450. par lequel Antoine de Poisieu , lors Abbé de Saint Pierre , a transmis au Dauphin une partie des droits à lui appartenans dans la Coseigneurie de Serres , & entr'autres celui que l'Abbé de Chabannes veut faire regarder comme le plus important ; sçavoir, le droit de connoître des secondes Appellations en matiere civile. Or il est évident que par cette démarche qui a été faite sans le consentement & sans la participation du Seigneur de Bressieu , l'Abbé de Saint Pierre a contrevenu de sa part à la prohibition d'aliener reciproquement stipulée entre les Parties par la Transaction de 1322. ainsi l'Abbé de Saint Pierre s'est interdit à lui-même & à ses successeurs la faculté d'argumenter contre les Seigneurs de Bressieu , de la même prohibition d'aliener de quelque maniere qu'elle puisse être entenduë.

L'on va plus loin. Par le même Acte de 1450. Antoine de Poisieu a mis sa personne, son Abbaye de Saint Pierre , son Prieuré & sa

Coſeigneurie de Serres ſous la garde & ſous la protection du Dauphin ; par-là cet Abbé s'eſt ſouſtrait au droit de Garde & de
Protection qui réſidoit en la perſonne des Seigneurs de Breſſieu ;
il s'eſt mis lui-même, & a mis ſes ſucceſſeurs, hors d'état de
faire la reconnoiſſance du droit de Garde dont il s'agit ; du moins
l'on ſent d'abord combien une pareille reconnoiſſance ſeroit illuſoire.

Or l'on a vû dans l'examen des Titres de l'Abbaye de Saint Pierre
que le droit de Garde qui appartenoit au Seigneur de Breſſieu
étoit ſuperieur au droit de Fief appartenant aux Abbés de Saint Pierre ; mais abſtraction faite de cette prééminence, il eſt ſenſible que
l'Abbé de Saint Pierre n'a pû priver les Seigneurs de Breſſieu de leur
droit de Garde, en ſe mettant ſous la garde d'un autre Seigneur, &
conſerver en même tems ſon droit de Fief, & tout ce que l'on ſuppoſe en être une ſuite ; & l'on ne peut ſe diſpenſer de convenir que
les Abbés de ſaint Pierre ayant ſecoué le joug de leurs engagemens,
& rompu les liens qui les attachoient aux Seigneurs de Breſſieu,
ceux-ci ont été dégagés par cette demarche de ce dont ils pouvoient
être tenus envers l'Abbaye de ſaint Pierre, avec d'autant plus de
juſtice, que d'un côté la reconnoiſſance du Fief en queſtion doit
toujours être précedée de la reconnoiſſance de la Garde, & que de
l'autre la reconnoiſſance de la Garde ſeroit abſolument illuſoire &
chimerique.

C'eſt apparemment par cette raiſon qu'il ne paroît plus de reconnoiſſance reciproque de la Garde & du Fief depuis 1514. & que
la Tranſaction de 1588. eſt le dernier acte qui faſſe mention du
Fief dont il s'agit. Les Seigneurs de Breſſieu furent ſans doute in-
formés à peu près dans cette époque, de l'Acte paſſé entre un Abbé
de ſaint Pierre & le Dauphin, & ils ne voulurent plus, avec juſte
raiſon, reconnoître qu'ils tenoient leur Coſeigneurie de Serres en
Fief de cette Abbaye. Il eſt même vrai-ſemblable que les Parties con-
vinrent de ſupprimer à l'avenir les reconnoiſſances réciproques de
la Garde & du Fief, & de demeurer reſpectivement libres des liens
& des engagemens qui les attachoient l'une & l'autre ; mais quoiqu'il
en ſoit, il eſt indubitable que les Seigneurs de Breſſieu ont été dégagés de toutes leurs obligations, dès le moment que les Abbés de
ſaint Pierre ont mepriſé leurs engagemens, & ſe ſont mis hors d'état
de les remplir.

Ainſi les Titres que l'on oppoſe au Comte de Valbelle ſont caducs, & ne peuvent avoir aucun effet ; ce moyen eſt déciſif contre
les demandes de l'Abbé de Chabannes : Comment donc évitera-t il
de ſuccomber dans cette affaire, lorſque les Titres dont il veut ſe
ſervir ſont en même tems preſcrits par une inexecution de plus de
100 années, & caducs par le propre fait de l'un de ſes prédeceſſeurs ?

SECONDE

SECONDE PROPOSITION.

*En suppofant que les Titres produits par l'Abbé de Chabannes
ne fuffent ni prefcrits ni caducs, fa prétention feroit
également infoutenable.*

Après avoir prouvé dans la premiere Propofition que les Titres
de l'Abbaye de faint Pierre font prefcrits & caducs, le Comte de
Valbelle va maintenant démontrer que ceffant la prefcription des
Titres dont il s'agit, & fuppofé pour un moment que les Abbés de
faint Pierre ne les euffent pas eux-mêmes rendus caducs en y con-
trevenant, ces mêmes Titres bien loin de pouvoir operer quelque
chofe en faveur de l'Abbé de Chabannes, font au contraire décififs
contre toutes fes demandes, & qu'ils établiffent invinciblement les
conclufions qui ont été prifes par le Comte de Valbelle.

Il faut d'abord pofer pour principe, qu'en Dauphiné tous les
biens font francs & allodiaux de leur nature, s'il n'y a titres au contraire; c'eft une maxime que M. Salvaing établit d'une maniere convaincante dans fon Traité de l'ufage des Fiefs, chapitres 52. 53.
& 54.

L'on n'a jamais douté, dit cet Auteur, que le Dauphiné ne foit
de Franc-aleu, s'il n'y a titre au contraire, dont la preuve eft rejettée fur celui qui prétend la fujettion ; de forte que non feulement
les fonds, mais auffi les Cenfes, & autres droits quelconques, font
préfumés francs & libres de leur nature.

Salvaing ajoute que ce Franc-aleu fans titre tire fon origine du droit
Italique, c'eft-à-dire de la franchife & de l'immunité, dont la Province Viennoife (qui eft aujourd'hui le Dauphiné) joüiffoit par le
droit Romain, fuivant la Loi 8. §. 1. *ff. de Cenfibus* ; que l'une des
principales conditions fous lefquelles le dernier des anciens Dauphins a remis fes Etars à nos Rois, a été de garder à perpetuité toutes les libertés, Franchifes, Privileges, bons Us & bonnes Coutumes de Dauphiné ; & que c'eft la raifon pour laquelle le Franc-aleu
y a toujours été confervé de fiécle en fiécle jufqu'à prefent.

Auffi voyons-nous, continuë Salvaing, qu'aux Etats Generaux
tenus à Blois, la Nobleffe ayant demandé par le Cahier des articles
qu'elle préfenta, que toutes les Terres du Royaume fuffent declarées
féodales ou cenfuelles, elle exceptoit de cette regle les Provinces de
Languedoc & de Dauphiné, où les heritages font reputés francs &
libres ; & c'eft enfin par la même raifon que Me Augufte Galand qui
a tant combattu le Franc-aleu fans titre, n'a pourtant pû fe difpenfer de l'admettre en Dauphiné; il a même rapporté un Arrêt du Parlement de Paris du 5 Juillet 1635. qui a jugé que pour établir une
Directe dans cette Province, il falloit en rapporter des titres, puifque le prétendu vaffal fut dechargé du payement des droits Seigneuriaux, faute par celui qui les lui demandoit d'avoir juftifié de fa Directe.

M

Tels font les raifonnemens fur lefquels Salvaing décide que le
le Franc-aleu fans titre eft le droit commun qui s'obferve en Dauphiné ; mais il fonde principalement fa décifion fur la Jurifpruden-
ce des Arrêts, & fur plufieurs Edits & Ordonnances. L'on fe con-
tentera de rapporter ici trois Arrêts du Parlement de Grenoble, &
l'Edit du mois d'Octobre 1658.

Le premier Arrêt eft celui par lequel le Parlement de Dauphiné
enregiftra l'Ordonnance du mois de Janvier 1629. il étoit dit par
l'article 383. de cette Ordonnance, que tous heritages relevant du
Roi, tant en païs de Droit écrit qu'en païs Coutumier, feroient fujets aux droits de Lods & autres, & que tous heritages qui ne rele-
voient point d'autres Seigneurs feroient reputés dans la mouvance
du Roi, à moins que les poffeffeurs de ces heritages ne rapportaffent
de bons Titres pour être déchargés des droits Seigneuriaux & de la
mouvance. Or en procedant à l'enregiftrement de l'Ordonnance, le
Parlement de Grenoble declara fur cet article, que le *Franc-aleu avoit
lieu en Dauphiné par poffeffion immémorée, & libertés de la Province ; & en
confequence il ordonna, qu'il en feroit ufé felon l'ancien ufage, conformément à l'Ordonnance du 15 Janvier 1555.*

Le franc-aleu du Dauphiné eft encore établi par un Arreft de
Reglement rendu au Parlement de Grenoble le 16 Decembre 1649.
par lequel entr'autres difpofitions, les fonds & heritages affis en
Dauphiné, cenfes, & autres droits de quelque nature qu'ils foient font
declarés francs & allodiaux de leur nature, & en confequence exempts
d'Hommages, Lods & Ventes, & autres fervitudes, s'il n'y a titre
au contraire, ou poffeffion équivalente à titre.

Le Parlement de Grenoble a rendu le 27 Novembre 1653, un troifiéme Arreft qui ordonne l'execution du précedent.

Enfin l'on ne peut défirer de preuve plus convaincante de l'ufage
du franc-aleu dans la Province de Dauphiné, que l'Edit du mois d'Octobre 1658. dont le Comte de Valbelle a déja rapporté quelques termes pour l'établiffement de fa premiere propofition. Par cet Edit qui
a été enregiftré au Parlement de Grenoble le 2 Decembre 1658. les
Roturiers de la Province de Dauphiné poffedans des Fiefs & autres
biens nobles, & des heritages en franc-aleu, furent déchargés, au
moyen de certaines taxes, du payement des droits de franc-aleu & de
francs-Fiefs ; or on trouve dans le préambule du même Edit ces termes
effentiels & décififs : *De laquelle conceffion nous efperons tirer de grands
fecours dans notre Province de Dauphiné, où la recherche defdits droits de
francs-Fiefs n'a point été faite depuis l'année 1633. comme auffi celle du droit
de franc-aleu qui eft des plus confiderables de la Couronne en notredite Province de Dauphiné ; en laquelle ledit droit a lieu, fuivant l'ufage obfervé de
tout temps en icelle ; & tel declaré non feulement par les anciens Dauphins,
mais encore par les Déclarations des Rois nos prédeceffeurs, & particulierement
par celles de Charles V. du 27 Mars 1367. & de Henri II. du 15 Janvier
1555. regiftrées en nos Cours de Parlement & Chambre des Comptes dudit
païs.* Ces termes ne font pas équivoques, & ils prouvent jufques à la
derniere évidence que le Dauphiné eft un païs de franc-aleu, & que

tous les heritages y font reputés francs & allodiaux même contre le
Roi. C'eft une maxime fi conftamment établie, que le Roi declare
dans le même Edit, comme on l'a déja obfervé, qu'il a perdu plufieurs Fiefs & cenfives en Dauphiné par la prefcription centenaire
qui eft une fuite du franc-aleu fans titre ; *au moyen de laquelle prefcription la plûpart de nos Fiefs, cenfes & directes ont été prefcrites par la negli-
gence de ceux qui étoient chargés de la reconnoiffance & du recouvrement defdits droits ; & les Fiefs & fonds fujets aufdites cenfes devenus par ce moyen
allodiaux.*

Ainfi tout concourt à prouver l'ufage du franc-aleu fans titre dans
le Dauphiné, & à faire voir que de droit commun tous les biens
de cette Province font francs & allodiaux de leur nature.

Plufieurs conféquences réfultent de ce principe. La prefcription
centenaire qui a été ci-deffus établie en eft une fuite neceffaire ; mais
ce même principe fournit au Comte de Valbelle des argumens victo-
rieux pour l'établiffement de fa feconde propofition.

Premierement, le Comte de Suze en vendant au Comte de Valbelle la terre, & Cofeigneurie de Serres, a feulement declaré que la
moitié de la Bannalité des Moulins étoit dans la mouvance de l'Abbé de Saint Pierre ; quant au furplus de cette Cofeigneurie le Comte
de Suze n'a point dit qu'elle relevât de l'Abbé de Saint Pierre, ni
d'aucun autre Seigneur ; ainfi cette Cofeigneurie étant fituée en
Dauphiné païs de fanc-aleu, il faut conclure que le Comte de Suze
l'a venduë comme franche & allodiale ; fi donc elle pouvoit être
jugée relever en Fief de l'Abbé de Saint Pierre, & fujette envers lui
à des droits utiles, il feroit indifpenfable de prononcer la réfolution
de la vente qui en a été faite au Comte de Valbelle, & de lui adjuger
toutes les conclufions qu'il a prifes contre le Comte de Suze ; & par
une fuite neceffaire de la réfolution de cette vente, toute la prétention de l'Abbé de Chabannes tomberoit d'elle-même.

On oppoferoit en vain, d'un côté que le Comte de Suze a chargé
le Comte de Valbelle du payement des droits de Lods qui pourroient
être dûs à l'occafion de la vente dont il s'agit ; de l'autre, que l'erreur dans laquelle le Comte de Suze a jetté le Comte de Valbelle ne
peut operer la refolution de la vente, mais de fimples dommages &
interêts ; que la vente étant parfaite l'Abbé de Chabannes doit être
payé des Lods aufquels elle a donné lieu, & que fans fe mettre en peine fur qui frappera la condamnation, il a pour gage des Lods dont
il s'agit, le Fief même qui a été vendu.

Le Comte de Valbelle détruit en un mot l'une & l'autre de ces
objections.

Si le Comte de Suze n'eut fait aucune Declaration fur chacun des
objets de la vente, & s'il eut chargé indéfiniment, & fans aucune
explication le Comte de Valbelle du payement des Lods qui pourroient être dûs à l'occafion de cette vente, le Comte de Valbelle ne
pourroit en faire prononcer la réfolution fous prétexte des droits de
Lods qu'on lui demande.

Mais le Comte de Suze ayant d'abord declaré que la terre de Breffieu

relevoit du Roi pour la septiéme Partie , & que parmi les fonds dépendans de Bressieu & de Berzin il y en avoit quelques-uns chargés
de quelques censives ; qu'à l'égard de la terre & Coseigneurie
de Serres , la moitié de la Bannalité des Moulins , qui en fait
Partie , étoit dans la mouvance de l'Abbé de Saint Pierre sous
la redevance de 20 septiers de bled ; la clause qui suit immédiatement ces déclarations , & par laquelle le Comte de Valbelle est chargé de payer les Lods qui seront dûs à cause de la vente à lui faite, est
relative aux Declarations qui la précedent , & ne peut être étenduë
au-delà des mêmes Declarations.

Ainsi le Comte de Valbelle n'a été chargé par cette clause que du
payement des Lods qui pourroient être dûs au Roi pour la septiéme
Partie de la Baronnie de Bressieu , à l'Abbé de Saint Pierre pour la
moitié de la Bannalité des Moulins de Serres , & à d'autres Seigneurs
pour les fonds dépendans de Bressieu & de Berzin qui se trouveroient
relever d'eux en Fief , ou en censive ; tout le reste est vendu comme
franc & allodial , & comme exempt de droits utiles , dès le moment
que le Comte de Suze n'a point declaré que tout le reste fut dans la
mouvance , ou dans la censive de quelque Seigneur ; & l'argument
est d'autant plus invincible par rapport à la Coseigneurie de Serres,
que la déclaration expresse faite par le Comte de Suze que la moitié
de la Bannalité des Moulins relevoit de l'Abbé de Saint Pierre , emporte une declaration tacite que le surplus de cette Coseigneurie n'é-
toit point dans sa mouvance.

Mais ce qui acheve de prouver que le Comte de Suze a vendu la
Coseigneurie de Serres comme allodiale , & comme exempte de
droits utiles , ainsi que tous les fonds de la Province de Dauphiné le
font de leur nature , c'est qu'il a déclaré par le Contrat de vente que
la terre & seigneurie de Serres lui appartenoit *en pariage* avec l'Abbé
de Saint Pierre , ce qui écarte toute idée de mouvance & de superiorité dans la personne de cet Abbé.

Ainsi tout concourt à détruire la premiere Objection : la seconde
n'est pas moins facile à renverser.

La difference essentielle qu'il y a entre un heritage franc & allodial , & un bien sujet à des droits utiles , ne permet pas de penser
que celui qui auroit acquis comme allodial ce qui releveroit de
quelque Seigneur en Fief ou en Censive , fût obligé de tenir un tel
marché , & de se contenter de simples dommages & interêts. Il est
sensible au contraire qu'il n'y eût jamais de cause plus forte pour
faire résoudre une vente qu'une erreur de cette qualité.

En effet, une simple servitude qui n'a pas été déclarée donne lieu
à la résolution de la vente : C'est le sentiment de Dumoulin, *in rubr.*
de verb. oblig. num. 62. Si vendita ædes debeant servitutem (dit cet ex-
cellent Jurisconsulte) *potest emptor qui non erat empturus agere ex empto,*
ad resolutionem , nisi servitus redimatur. Et il appuye cette decision sur
les Loix, *si tibi liberum, & ex empto ff. de action. empt.* & sur la Loi 15. *ff.*
de eviction.

Or

Or si la résolution du Contrat doit avoir lieu dans le cas d'une simple servitude qui n'a point été déclarée, à combien plus forte raison doit-il être résolu lorsque l'heritage qui a été vendu comme allodial, est tenu en Fief ou en Censive & assujetti à des droits Seigneuriaux ? car cette dépendance & cet assujettissement à des droits utiles est constamment une servitude & la plus onereuse de toutes dans un Pays de Franc-aleu ; une servitude ordinaire rend seulement plus incommode la joüissance de l'heritage qui y est sujet, mais celle-ci affecte la substance même de l'heritage.

L'une des principales distinctions des immeubles est celle qui se fait entre les biens tenus en Fief ou en Censive, & les biens qui sont en Franc-aleu ; de sorte que celui qui achete comme allodial ce qui est tenu en Fief ou en Censive, se trouveroit avoir réellement acquis une autre espece de bien que celle qu'il comptoit acquerir. Seroit-il juste qu'une semblable vente subsistât malgré l'Acquereur, & que le Vendeur en fût quitte pour des dommages & interêts ? Mais quels dommages & interêts pourroient tenir lieu de cette liberté & de cette franchise qui constituë l'essence des heritages allodiaux, & avec laquelle l'Acquereur a compté qu'il possederoit l'heritage à lui vendu ? Il est inutile d'en dire davantage pour prouver que si la Co-seigneurie de Serres pouvoit être regardée comme sujette à des droits Seigneuriaux, il seroit indispensable de résoudre la vente qui en a été faite comme d'un fonds allodial.

Cela présupposé, le surplus de la seconde Objection tombe de lui-même ; car lorsqu'un Contrat de vente est résolu, il faut distinguer si la résolution en est prononcée *ex antiquâ causâ*, c'est-à-dire pour une Cause anterieure au Contrat, ou qui se trouve dans le Contrat même ; ou si cette résolution est faite *ex novâ causâ*, c'est-à-dire pour une Cause posterieure au Contrat. Dans le dernier cas, comme les évenemens qui arrivent depuis la perfection de la vente, ne peuvent regarder que l'Acquereur devenu Proprietaire de la chose, la résolution qui est faite du Contrat est toujours volontaire, & consequemment elle doit être consideree comme une seconde vente ; d'où il suit qu'il est dû de doubles droits au Seigneur, pour la vente originaire & pour la résolution qui en est faite.

Mais quand les Clauses de résolution sont anterieures ou inherentes au Contrat, il est indispensable de le résoudre malgré celle des Parties qui auroit interêt qu'il subsistât ; & l'effet de cette résolution est de mettre les Parties au même état qu'elles étoient avant le Contrat ; de sorte que le Contrat étant anéanti, non seulement le Seigneur ne peut exiger aucuns droits ni pour la vente ni pour la résolution ; mais s'il en a reçû quelques-uns, il est obligé de les restituer.

Ces principes sont connus de tout le monde, ils sont établis par tous les Auteurs qui ont agité cette question, & entr'autres par Duplessis dans son Traité des Censives, Livre 1er Section 1re, par Salvaing dans son Traité de l'Usage des Fiefs, chap. 89. & par Dumoulin dans plusieurs endroits, & notamment dans son Commentaire fur la Coutume de Paris, art. 33. glof. 2. nomb. 9. & art. 78. glof. 1. nomb. 13.

Il n'eft donc plus queftion que de fçavoir dans quelle claffe doit être placée la Caufe de réfolution que propofe le Comte de Valbelle; mais qui pourroit douter qu'une pareille Caufe ne foit inherente au Contrat même, & que confequemment elle ne foit du nombre de celles qui ont un effet rétroactif au Contrat, qui le rendent nul, & qui excluent tout payement de droits utiles? Auffi voyons-nous que Salvaing dans fon chap. 89. en décidant qu'il n'eft dû aucuns droits pour une vente réfoluë par une caufe inherente au Contrat, donne pour exemple de ces fortes de Caufes réfolutives, celle qui réfulte de ce que le Vendeur a caché quelque fervitude impofée fur l'heritage vendu. A plus forte raifon doit-on mettre dans la même claffe une Caufe réfolutive tirée de ce qu'un heritage a été vendu comme allodial, quoiqu'il fut fujet à des droits utiles. En effet, comment un Seigneur pourroit-il exiger des droits de lods pour une vente réfoluë par cette Caufe, lorfque d'un côté le Contrat fur lequel il fonde fa prétention eft anéanti, & que de l'autre c'eft fa prétention même qui le fait réfoudre?

Ainfi quand le Comte de Valbelle n'auroit pour faire réfoudre la vente qui lui a été paffée de la Cofeigneurie de Serres, que le moyen fondé fur ce que cette Cofeigneurie lui a été venduë comme allodiale; il ne feroit pas poffible de la confiderer comme fujette à des droits utiles, fans prononcer en même temps la réfolution à laquelle le Comte de Valbelle conclud; & cette réfolution feroit neceffairement tomber la demande en payement de lods de l'Abbé de Chabannes.

Mais fi l'on écarte pour un moment la prefcription & la caducité de tous les Titres de l'Abbaye de Saint Pierre, le Comte de Valbelle y trouve une autre Caufe réfolutive encore plus invincible que celle qui vient d'être expliquée, & qui détruit d'une maniere encore plus convaincante toute la prétention de l'Abbé de Chabannes.

Suivant la Tranfaction de 1322. la Cofeigneurie de Serres eft inalienable, ou du moins elle ne peut être alienée que du confentement de l'Abbé & du Convent de Saint Pierre: or un bien inalienable, & qui, foit par fa nature, foit par des Titres particuliers n'eft point dans le commerce ordinaire, ne peut être l'objet d'une vente; d'où il fuit que celle qui a été faite au Comte de Valbelle eft nulle *ipfo jure*; & par une autre conféquence neceffaire, elle n'a pû produire aucuns droits utiles; ce qui fait tomber la demande que l'Abbé de Chabannes en a formée.

Cet argument eft fenfible par lui-même: confultons néanmoins M. Salvaing qui femble avoir prévû notre cas dans le commencement de fon chap. 89. D'un côté, il met dans le nombre des ventes nulles *ipfo jure*, celles qui font faites d'une chofe qui ne pouvoit être alienée: de l'autre, il décide comme un point qui ne peut faire la matiere d'un problême, que toutes ventes qui font nulles *ipfo jure*, foit par les Caufes qu'il exprime, foit par d'autres femblables, n'engendrent aucuns droits de lods.

Qu'oppose l'Abbé de Chabannes contre une proposition si peu
sujette à contredit ? L'on ne traitera plus ici la question de sçavoir
si les Gardes, les Fiefs de dévotion & les pariages sont naturellement inalienables. Une pareille dissertation est plus curieuse qu'elle
n'est utile pour la décision de cette affaire ; & comme l'observe
l'Abbé de Chabannes, c'est par les Titres qu'il a produits que l'on
doit se déterminer ; ainsi de toutes ses Objections l'on ne discutera
que celles qui ont rapport aux mêmes Titres.

Ces Objections que l'on entreprend de combattre roulent sur deux
points. D'un côté, l'Abbé de Chabannes voudroit que l'on regardât
la prohibition d'aliener portée par la Transaction de 1322. comme
étant une suite du Fief, & comme servant à le caractériser : il suppose que la Clause qui contient cette prohibition d'aliener est relative à l'inalienabilité originaire des Fiefs, & que ce qui est expri-
mé à cet égard dans la Transaction de 1322. doit être entendu suivant l'usage qui s'observe aujourd'hui en matiere feodale ; qu'ainsi
comme la Commise qui avoit lieu dans l'origine de l'inalienabilité
des Fiefs, contre le Vassal qui alienoit son Fief sans le consentement du Seigneur, a été convertie par succession de temps en de
certains droits payables à chaque alienation, il ne faut pas considerer la prohibition d'aliener portée par la Transaction dont il s'agit,
comme une prohibition absoluë ; mais que tout son effet doit être
d'engendrer en cas d'alienation des droits de lods qui tiennent lieu
de la Commise ; sous ce prétexte l'Abbé de Chabannes soutient qu'il
a eu raison de conclure à la Commise, si mieux n'aimoit le Comte
de Valbelle lui payer les lods de son acquisition, & que la Sentence
dont est appel, qui a jugé conformément à ses conclusions, est très-
reguliere. Il ajoute que le Comte de Valbelle en n'appellant point
de cette Sentence au Chef de la Commise, est censé passer condamnation sur les droits Seigneuriaux qui en font une suite : qu'en un
mot la prohibition d'aliener est d'autant moins absoluë, que la Clause
permet l'alienation du consentement de l'Abbé de Saint Pierre ;
qu'il offre son consentement, mais à la charge des droits qui en sont
le prix ; qu'en faisant de pareilles offres il ne porte aucun préjudice
à son Abbaye, & qu'il n'est pas à craindre que son consentement
soit révoqué par ses Successeurs, puisqu'il ne fait que se conformer
à la Transaction de 1322. qui donne à chaque Abbé de Saint Pierre
la faculté de consentir aux alienations faites pendant qu'il est Titu-
laire de l'Abbaye.

D'un autre côté, l'Abbé de Chabannes suppose l'execution rigou-
reuse de la clause dont il s'agit, il regarde comme absoluë la prohibition d'aliener portée par cette clause ; dans ce point de vûë, il
prétend que la vente ayant été faite par un legitime proprietaire qui
pouvoit disposer de son bien, & l'aliener avec le consentement de
son Seigneur, cette vente n'est pas nulle, & qu'il n'en résulte qu'un
mépris fait à l'autorité du Seigneur qui ne détruit pas la vente, mais
qui donne lieu à la commise, sauf les dommages & intérêts du Comte
de Valbelle contre le Comte de Suze ; ou du moins si l'on en croit
l'Abbé de Chabannes, il faut lui payer les droits de Lods que la vente en question a produits, qui tiennent lieu de la commise, & pour

raiſon deſquels il eſt en état de ſe vanger ſur le Fief même dont il s'agit.

Il eſt facile de renverſer tout ce ſyſtème.

Premierement, on ne peut trop inſiſter ſur le dylème qui a été fait en établiſſant la preſcription : ou la prohibition d'aliener eſt relative à l'inalienabilité originaire des Fiefs, & tout ſon effet eſt de produire des droits utiles, auquel cas le Fief en queſtion eſt totalement preſcrit ; ou la prohibition d'aliener eſt abſoluë, & ne doit point ſe réſoudre en droits utiles, & en ce cas, comme la premiere condition requiſe pour la vente d'une choſe eſt qu'elle ſoit dans le commerce ordinaire, la vente qui a été faite au Comte de Valbelle eſt nulle *ipſo jure* ; d'où il ſuit qu'elle ne peut produire aucun effet, ni engendrer aucuns droits de Lods.

En ſecond lieu, quand la prohibition d'aliener pourroit ſe réſoudre en droits Seigneuriaux, il faudroit prononcer la réſolution de la vente dont il s'agit, par cette ſeule conſideration que le Comte de Suze a vendu au Comte de Valbelle la Terre & Coſeigneurie de Serres comme franche & allodiale, & l'on a fait voir que le Contrat étant aneanti par ce motif, toutes les demandes de l'Abbé de Chabannes tombent d'elles mêmes.

Mais en troiſiéme lieu, il eſt abſurde d'imaginer que la prohibition d'aliener ſoit relative à l'inalienabilité originaire des Fiefs, que ſon effet ſoit de produire des droits Seigneuriaux en cas d'alienation, & qu'il ait été permis au Comte de Suze d'aliener, ſauf le payement des droits de Lods ; il eſt manifeſte au contraire que cette prohibition d'aliener eſt abſoluë, & ne peut ſe reſoudre en droits utiles.

Les Fiefs étoient originairement inalienables, parce que les Vaſſaux n'en étoient point proprietaires ; ils ne les poſſedoient d'abord que pour un certain tems, après lequel le Seigneur les reprenoit ; enſuite ils furent donnez à vie, & ils n'étoient réünis au Fief dominant qu'après le decès des Vaſſaux ; mais enfin tous les Fiefs ſont devenus patrimoniaux, & les Vaſſaux en ont acquis la proprieté, au moyen de quoi ils ont ceſſé d'être inalienables, & les Vaſſaux qui ne pouvoient auparavant aliener leurs Fiefs ſans encourir la commiſe, ont été en droit non ſeulement de les tranſmettre à leurs heritiers par ſucceſſion, mais encore de les vendre en payant au Seigneur une certaine portion du prix de la vente.

Or il eſt certain que le Seigneur de Breſſieu étoit lors de la Tranſaction de 1322. veritablement proprietaire de ſa part dans la Coſeigneurie de Serres, & de tous les droits dont il joüiſſoit, puiſque cette Tranſaction ne contient qu'une declaration de ce qui appartenoit aux deux Coſeigneurs en pleine proprieté ; d'où l'on doit conclure que la prohibition d'aliener portée par la Tranſaction dont il s'agit, ne peut avoir aucun rapport avec l'inalienabilité originaire des Fiefs, qui n'avoit lieu que quand les vaſſaux n'avoient aucune proprieté. Si les Parties avoient eu intention d'aſſujettir le Seigneur de Breſſieu à payer des droits utiles en cas d'alienation, elles n'auroient pas manqué de l'exprimer préciſément ; & l'on ne peut pas dire que comme les Fiefs qui étoient inalienables dans leur origine

gine

gine font devenus patrimoniaux, & confequemment alienables ; fauf les droits de Lods payables au Seigneur ; de même le Fief en queftion eft devenu alienable en payant des droits utiles, d'inaliena- ble qu'il étoit aux termes de la Tranfaction de 1322. puifque les Sei- gneurs de Breffieu ne font point devenus proprietaires de la Cofei- gneurie de Serres depuis cette Tranfaction , qu'ils en avoient dès- lors la proprieté , & qu'il n'eft point arrivé de changement qui ait pû tranformer la prohibition d'aliener , portée expreffément par l'Acte dont il s'agit , en une obligation de payer des droits Seigneu- riaux en cas d'alienation.

Une feconde preuve que la prohibition d'aliener dont il s'agit n'a aucune relation avec l'inalienabilité originaire des Fiefs , & qu'elle ne peut fe refoudre en droits utiles, c'eft qu'il eft permis au Seigneur de Breffieu par la claufe en queftion d'aliener même par vente au profit de fes heritiers *ab inteftat* , tant en ligne directe que collaterale, qui lui fuccederoient à ce titre dans le Château & Terre de Breffieu, *nifi in hæredes fuos caftri & Dominii Briffiaci, vel in alias perfonas quæ effent eidem Domino Briffiaci ab inteftato fucceffores.* Or de pareilles alienations feroient fujettes à des droits de Lods par une fuite de l'inalienabilité originaire des Fiefs ; cependant elles en feroient exemptes fuivant la reftriction de la prohibition d'aliener portée par la Tranfaction de 1322. ainfi nul rapport entre cette inalienabilité originaire , & la claufe dont il s'agit.

Mais ce qui écarte toute comparaifon de l'une à l'autre , & ce qui acheve de renverfer tout le fyftême de l'Abbé de Chabannes, c'eft que la prohibition d'aliener ftipulée dans l'Acte de 1322. eft reci- proque entre le Seigneur de Breffieu & l'Abbé de faint Pierre.

Or en premier lieu, cette reciprocité fait connoître que la claufe en queftion n'a rien de commun avec l'inalienabilité originaire des Fiefs ; car l'on a bien entendu dire qu'originairement les Fiefs fer- vans étoient inalienables , mais le Vaffal n'a jamais pû impofer à fon Seigneur la loi de ne pouvoir aliener ni la féodalité ni le Fief domi- nant ; ainfi à regarder la part du Seigneur de Breffieu dans la Cofei- gneurie de Serres comme un Fief fervant, & le furplus de cette Co- feigneurie comme le Fief dominant , le principe de l'inalienabilité originaire des Fiefs n'eût fait inferer dans la Tranfaction de 1322. une claufe prohibitive d'alienation que contre les Seigneurs de Bref- fieu , on n'y trouveroit rien de femblable contre l'Abbé de faint Pierre.

La reciprocité de cette claufe prouve en fecond lieu , que la pro- hibition d'aliener n'eft point à l'égard du Seigneur de Breffieu une marque de vaffalité , & qu'elle ne peut l'affujettir à des droits utiles, ou plûtôt cette même reciprocité écarte abfolument toute vaffalité & toute idée de droits Seigneuriaux ; autrement l'Abbé de faint Pierre y feroit pareillement affujetti , & il s'enfuivroit que l'Abbé de faint Pierre & le Seigneur de Breffieu feroient refpectivement Seigneurs & Vaffaux l'un à l'égard de l'autre , & que leurs parts & portions dans la Cofeigneurie de Serres feroient en même tems l'une par rapport à l'autre , Fiefs dominans & Fiefs fervans.

Quelle a donc été la veritable caufe de la prohibition d'aliener

portée par la Transaction de 1322. & quel effet doit-elle produire ?

Il y a surtout deux choses à considerer dans les Titres de l'Abbaye
de saint Pierre, & singulierement dans la Transaction de 1322. 1º.
Une association contractée entre l'Abbé de saint Pierre & le Seigneur de Bressieu, par laquelle ils ont mis en commun tous leurs
droits respectifs dans la Terre & Coseigneurie de Serres, sauf neanmoins les prérogatives & les droits exclusifs qui ont été reservés aux
Seigneurs de Bressieu pour marquer leur puissance & leur superiorité ;
2º. Les reconnoissances faites reciproquement de la Garde & du
Fief, qui sont le nœud, la marque & le lien de l'association contractée entre les Parties.

Or le Seigneur de Bressieu a bien voulu s'associer avec l'Abbé de
S. Pierre & ses successeurs ; l'Abbé de S. Pierre a bien voulu de sa part
s'associer avec le Seigneur de Bressieu & avec ses heritiers en ligne directe ou collaterale ; mais les Parties n'ont pas voulu que la societé
pût s'étendre plusloin, ni que des étrangers y fussent admis; d'un autre
côté, comme le droit de Garde & de Protection appartenant aux
Seigneurs de Bressieu étoit attaché à leurs personnes & à leur Baronnie de Bressieu, il n'étoit pas juste, ni que les Abbés de saint Pierre
se missent sous la protection d'autres Seigneurs, ni que les Seigneurs
de Bressieu transportassent à d'autres leur droit de Garde. Quant au
Fief reconnu par les Seigneurs de Bressieu, comme ce n'étoit qu'un
Fief de devotion, il étoit tellement affecté à l'Abbaye de saint
Pierre qu'elle ne pouvoit en faire transport à d'autres ; enfin les
reconnoissances de la Garde & du Fief étant le gage respectif de
l'association contractée entre les Parties, il étoit essentiel que ce
droit de Garde & ce droit de Fief demeurassent aux Parties qui s'é-
toient reciproquement choisies pour associées.

C'est par toutes ces considerations que dans la clause dont il s'a-
git l'Abbé de saint Pierre s'est d'abord soumis à ne pouvoir aliener
ni le Fief ni la fidelité dûe à cause du Fief, ni les droits qui lui appartenoient à Serres en tout ni en partie, sans le consentement des
Seigneurs de Bressieu ; & qu'ensuite le Seigneur de Bressieu s'est assujetti à ne pouvoir pareillement aliener qu'en faveur de ses heritiers
ab intestat, tant en ligne directe que collaterale qui deviendroient
par succession proprietaires du Château, & de la Terre de Bressieu,
son droit de Garde, & ce qu'il possedoit à Serres, sans le consentement de l'Abbé & des Religieux de saint Pierre.

Par-là les Parties se sont mises à couvert de toute societé avec
d'autres que ceux qu'elles s'étoient respectivement choisis pour as-
sociés ; par-là le droit de Garde & de Protection ne devoit point
sortir des mains du Seigneur de Bressieu, & de ceux à qui cette Baronnie seroit devoluë par succession ; par-là le Fief de devotion que
les Seigneurs de Bressieu ont reconnu, ne pouvoit passer à d'autres
qu'aux Abbés de saint Pierre ; enfin les Parties se mettoient par-là
hors d'état de se desaisir de ce qui faisoit le gage, le nœud, la marque & le lien de leur association.

Après cette explication des veritables motifs de la défense d'aliener reciproquement stipulée entre les Parties, il ne faut pas se li-

vrer à de longues differtations pour prouver qu'une pareille prohibition eft abfoluë, & ne peut fe refoudre en droits utiles ; puifque
d'un côté de pareils droits repugnent à l'affociation qui a été contractée entre l'Abbé de faint Pierre & le Seigneur de Breffieu ; &
que de l'autre, l'on ne peut à quelque prix que ce foit obliger
un affocié à continuer la focieté, avec d'autres que ceux qu'il a choi-
fis pour fes affociés.

Il eft vrai que la vente qui a été faite au Comte de Valbelle pourroit abfolument fubfifter au moyen du confentement que l'Abbé de
Chabannes veut bien donner à cette alienation, fi le Comte de Valbelle reconnoiffant que la Cofeigneurie de Serres eft inalienable,
ou du moins qu'elle ne peut être alienée fans le confentement de
l'Abbé de faint Pierre, vouloit bien neanmoins tenir le marché
qu'il a fait; mais d'un côté il faudroit que le confentement de l'Abbé
de S. Pierre fût offert gratuitement, & l'on ne peut obliger le Comte
de Valbelle à l'acheter par le payement de quelques droits ; c'eft ce
qui refulte des obfervations faites ci-deffus, & principalement de la
reciprocité de la claufe dont il s'agit ; d'un autre côté, l'Abbé de Chabannes peut bien approuver la vente en queftion, mais il ne peut
rendre la Cofeigneurie de Serres alienable entre les mains du Comte
de Valbelle, parce que chaque Abbé de faint Pierre a la faculté de
donner fon confentement aux alienations faites pendant qu'il eft ti-
tulaire de cette Abbaye, mais il ne peut préjudicier à fes fucceffeurs
fans le confentement defquels la Cofeigneurie de Serres ne pourroit
être venduë à l'avenir, & qui feroient toujours les maîtres de le re-
fufer ; ainfi la Cofeigneurie de Serres n'étant point d'une libre dif-
pofition, la vente qui en a été faite au Comte de Valbelle ne peut
fubfifter malgré lui, furtout lorfqu'il a fait cette acquifition comme d'un bien dont il pourroit difpofer à fa volonté, *avec toutes les
claufes tranflatives de Domaine, perpetuellement & irrévocablement.*

Mais le Comte de Suze a-t-il encouru la commife par la vente
qu'il a faite fans le confentement de l'Abbé de Chabannes, ou du
moins les droits de Lods lui font-ils acquis par l'alienation même,
encore bien qu'elle doive être declarée nulle entre le Comte de Suze
vendeur & le Comte de Valbelle acquereur ? Cette feconde partie de
l'objection de l'Abbé de Chabannes ne porte pas directement fur le
Comte de Valbelle ; mais comme il a payé la totalité du prix de fon
acquifition, qui doit lui être reftitué, & pour raifon duquel il a
un droit acquis fur la Terre & Cofeigneurie de Serres ; il a interêt
de s'oppofer à la prétention de l'Abbé de Chabannes, foit par rapport à la commife de cette Cofeigneurie, foit par rapport aux droits
Seigneuriaux qu'il voudroit fe faire payer par le Comte de Suze, &
pour lefquels il voudroit fe vanger fur la même Cofeigneurie de
Serres; c'eft pour cela que par une derniere Requête le Comte de Valbelle, aux rifques, perils & fortunes du Comte de Suze, a interjetté appel de la Sentence obtenuë par l'Abbé de Chabannes, dans tous fes chefs.

Pour détruire cette prétention de l'Abbé de Chabannes, il fuffit
de faire voir que la défenfe d'aliener ftipulée par la Tranfaction de
1322. ne peut operer ni la Commife, ni le payement des droits Seigneuriaux aufquels l'Abbé de Chabannes déclare qu'il veut bien fe

reſtraindre. Or cette propoſition a déja été établie de la maniere la plus convaincante ; car dès le moment qu'il n'y a aucun rapport entre la prohibition d'aliener dont il s'agit , & l'inalienabilité originaire des Fiefs, que deviennent la Commiſe & les droits Seigneuriaux que l'on fait réſulter de ce parallele ? Comment d'ailleurs adopteroit-on cette prétenduë Commiſe & ces droits de lods, lorſque la prohibition d'aliener eſt réciproque; ce qui écarte toute idée de Vaſſalité & de Fief ordinaire , ſujet à des droits utiles ? Il eſt auſſi très-ſenſible que de pareils droits répugnent à l'aſſociation qui a été contractée entre le Seigneur de Breſſieu & l'Abbé de S. Pierre.

A toutes ces raiſons il faut ajouter que la peine de la Commiſe n'a point été ſtipulée par la clauſe dont il s'agit, quoique d'un côté les Parties ayent eu grand ſoin de pourvoir à tout par la Tranſaction de 1322. & que de l'autre dans la clauſe précedente elles ayent ſtipulé la Commiſe, non pas de ce que les Parties poſſedoient reſpectivement à Serres, mais du droit de Fief reconnu par le Seigneur de Breſſieu, en cas que l'Abbé de S. Pierre donnât retraite aux ennemis du Seigneur de Breſſieu, & ne les renvoyât pas après en avoir été deux fois requis, & la Commiſe du droit de Garde reconnu par l'Abbé de S. Pierre, en cas que le Seigneur de Breſſieu retirât chez lui les ennemis de l'Abbé de S. Pierre, & ne voulût pas les renvoyer à ſa ſeconde requiſition.

Or comment voudroit-on dans de pareilles circonſtances ſuppléer dans la clauſe dont il s'agit une peine odieuſe de Commiſe, qui n'y eſt pas exprimée, pendant que les Parties ont bien ſçû la ſtipuler expreſſément dans un autre cas où leur intention étoit de s'y ſoumettre ? Comment voudroit-on faire prononcer contre un Seigneur de Breſſieu la Commiſe de tout ce qu'il poſſede à Serres, ſous prétexte qu'il n'auroit pas fait une démarche d'honnêteté envers l'Abbé de S. Pierre, pendant que ſelon la précedente clauſe il devoit ſeulement perdre ſon droit de Garde & de Protection pour avoir donné retraite aux ennemis de cet Abbé ? Enfin comment ſeroit-il poſſible de penſer que la Commiſe eût été encouruë *ipſo facto*, par une alienation faite ſans le conſentement de l'Abbé de S. Pierre, tandis qu'elle ne ſeroit encouruë par l'un des deux Coſeigneurs de Serres, qui auroit donné retraite aux ennemis de l'autre, qu'au cas qu'il eût refuſé de les renvoyer après les requiſitions réïterées de ſon Coſeigneur.

L'on n'en dira pas davantage à cet égard; il eſt ſenſible que la prohibition d'aliener portée par la Tranſaction de 1322. ne peut donner lieu ni à la Commiſe ni aux droits de lods que l'Abbé de Chabannes fait réſulter de la Commiſe ; ainſi l'on a prouvé d'une maniere invincible ; d'un côté, que ſi les Titres de l'Abbaye de S. Pierre n'étoient ni preſcrits ni caducs, il ſeroit indiſpenſable de déclarer nulle la vente qui a été faite au Comte de Valbelle de la Coſeigneurie de Serres; de l'autre, que cette nullité fait néceſſairement tomber toutes les demandes de l'Abbé de Chabannes.

Faiſons maintenant abſtraction de tous les moyens qui ont été ci-deſſus établis, conſiderons les Titres de l'Abbaye de S. Pierre comme n'ayant reçû aucune atteinte ni par le temps, ni par le fait de l'un des prédeceſſeurs de l'Abbé de Chabannes, & ſuppoſons pour

un

un moment qu'il ne peut y avoir lieu à la réfolution de la vente dont
il s'agit ; l'on va voir qu'en donnant tous ces avantages à l'Abbé de
Chabannes, fa prétention n'en feroit pas plus foutenable.

L'Abbé de Chabannes s'eft livré à de longues differtations pour
établir que *tenere in Feudum* fignifie tenir en Fief, mais il pouvoit
s'épargner cette peine ; car l'on convient avec lui que les termes
dans lefquels font conçûs les Titres en queftion donnent l'idée
d'un Fief tenu par les Seigneurs de Breffieu de l'Abbaye de S. Pierre ; il ne s'agit plus que de fçavoir quelle efpece de Fief ce peut être,
& quels effets il doit produire.

C'eft toujours par les Titres qu'on doit juger de la nature d'un Fief;
mais en Dauphiné plus qu'en toute autre Province, les Titres conf-
titutifs d'un Fief, & les reconnoiffances qui en ont été faites doivent fervir de regle pour en déterminer l'efpece & les effets ; & il
n'eft pas permis de donner aux Titres qui font rapportez plus d'é-
tenduë qu'ils n'en ont ; c'eft une conféquence qui réfulte néceffaire-
ment du principe que l'on a ci-deffus établi, que tous les immeubles font naturellement libres & allodiaux en Dauphiné, & que tel
eft le droit commun de cette Province; de forte que les Titres conf-
titutifs, & les Reconnoiffances d'un Fief en ce même Païs, étant
contraires au droit commun, on doit toujours les reftraindre dans
leurs bornes, fuivant les termes dans lefquels les actes rapportez
font conçûs.

Cela préfuppofé, il faut dabord diftinguer deux fortes de Fiefs ;
les uns font formez par la conceffion du Seigneur dominant, & il
faut avoüer que le plus grand nombre des Fiefs eft compris dans cette claffe ; il en eft néanmoins quelques autres où celui qui tient en
Fief n'eft redevable de quoi que ce foit à la conceffion de celui dont
il releve.

A l'égard des Fiefs qui ont été formez par une conceffion, &
qui font les veritables Fiefs (car les autres n'en portent que le nom)
Salvaing nous apprend qu'il y en a de trois fortes en Dauphiné, des
Fiefs d'honneur, des Fiefs de profit, & des Fiefs de danger.

Pour établir cette diftinction, il obferve chap. 3. que la premiere conceffion des Fiefs étoit purement gratuite, & n'avoit pour objet que l'honneur & le bienfait ; c'eft par cette raifon que les uns
étoient appellez *beneficia*, les autres *honores*, & les Vaffaux *honorati*.
Il ajoute que les Fiefs étant devenus patrimoniaux, une partie des
Seigneurs ont obligé leurs Vaffaux à leur payer de certains droits
lors des alienations ; mais que plufieurs Fiefs ont toujours confervé
leur pureté originaire, & n'ont jamais été affujettis à aucuns droits.

Après cette obfervation préliminaire, Salvaing définit les Fiefs
d'honneur, ceux qui ont tellement confervé leur origine, qu'ils
ne doivent au Seigneur que la bouche & les mains, fans aucunes
charges de lods, de quint, de rachat, ni d'autre profit quelcon-
que ; il rapporte des exemples de ces fortes de Fiefs dans fon Traité
du Plaid Seigneurial, queft. 10. pag. 74. & dit même qu'il y a plufieurs Provinces où tous les Fiefs font purement d'honneur : telles
font la Bourgogne, le **Lyonnois**, le Forêt, le Beaujollois, le Mâ-
connois & l'Auvergne.

P.

Notre Auteur définit ensuite les Fiefs de profit, ceux qui font fujets aux droits utiles envers le Seigneur, comme font les lods & ventes, quints, requints & rachats ; enfin les Fiefs de danger font ceux qui obligent l'acquereur ou l'heritier collateral de faire la foi & hommage avant que de prendre poffeffion, à peine du Commis.

Il eft vrai qu'après ces définitions, Salvaing dit, que fuivant l'ufage du Dauphiné, les Fiefs font de profit & de danger ; mais il ajoute auffi-tôt, que fi l'inféodation ou les hommages enfuivis juftifient que le Fief ne foit qu'un Fief d'honneur, & fi le Seigneur n'eft point en poffeffion d'en prendre des lods, en ce cas il faut conclure qu'un pareil Fief eft un Fief d'honneur, qui a confervé fa premiere origine, & qui doit être exempt de lods.

Auffi trouvons-nous des exemples de ces fortes de Fiefs en Dauphiné. Notre Auteur en examinant dans fon chap. 13. les Arrêts de 1647. & de 1653. qu'il s'oppofe à lui-même contre la prefcription centenaire, dit qu'il s'agiffoit d'un Fief d'honneur non fujet à des droits Seigneuriaux, & c'eft pour cela que l'hommage fut confervé, & le Chapitre de S. Chef débouté de fa demande en payement de lods. Salvaing nous apprend encore par le Titre de la queftion 10. de fon Traité du Plaid Seigneurial, qu'il y a en Dauphiné des Fiefs d'honneur, qui bien loin d'être affujettis à aucuns droits utiles, ont au contraire un droit de Plaid, c'eft-à-dire, un droit de relief ou de rachat fur les Seigneurs dominans, & il en rapporte un exemple au même endroit.

L'Abbé de Chabannes ne difconvient pas qu'il n'y ait d'autres Fiefs que ceux qui font formez par une conceffion, & malgré les efforts qu'il a faits pour répondre à ce que le Comte de Valbelle a établi dans fes premieres écritures au fujet des Fiefs de Garde, des Avoüeries & des Pariages, il n'a pas détruit à beaucoup près l'application que l'on peut faire à notre efpece de ces fortes de Fiefs extraordinaires.

Mais pour s'arrêter à un fimple objet, perfonne n'ignore qu'il y a des Fiefs de dévotion, & l'Abbé de Chabannes en demeure d'accord. Qu'oppofe-t'il donc à cet égard ? Il prétend, 1°. Que les exemples de ces fortes de Fiefs font finguliers, & ne peuvent être tirez à confequence. 2°. Que ces mêmes Fiefs n'ont efté conftituez pour la plus grande partie que par des Rois, des Princes, & des Seigneurs fouverains. 3°. Que ce font des actes illuftres de pieté, & non pas de veritables Fiefs. 4°. Que fi l'on pouvoit fe difpenfer de payer aux Ecclefiaftiques les Droits Seigneuriaux qui leur font dûs, fous prétexte que leurs Fiefs font de fimples Fiefs de dévotion, prefque toutes les Eglifes de Dauphiné perdroient ainfi tous les Fiefs qui leur appartiennent.

L'on convient avec l'Abbé de Chabannes que les Fiefs de dévotion ne font pas de veritables Fiefs, & qu'ils n'en portent que le nom ; auffi ne doit-on pas regarder comme un veritable Fief celui dont il s'agit entre les Parties.

Il faut encore avoüer que ces fortes de Fiefs ne font pas fort communs ; cependant Brodeau fur l'article 63. de la Coutume de Paris, nombre 24. nous affure qu'il y a plufieurs exemples de Rois, de Princes, & de Seigneurs qui se sont dévoués à l'Eglise, & lui ont soumis une partie de leurs domaines, sous la simple charge d'un hommage de dévotion, & de quelque redevance d'honneur, comme de Cire, & autres choses semblables ; & il faut qu'il y ait plusieurs Fiefs de cette qualité dans le Poitou, puisque la Coutume de cette Province contient un article concernant cette espece de Fiefs ; c'est l'article 108. qui porte que *l'hommage de dévotion n'emporte Fief* (c'est-à-dire Fief ordinaire sujet à des droits Seigneuriaux) *ne jurisdiction, ne autres devoirs*.

Le Comte de Valbelle demeure aussi d'accord que ces mêmes Fiefs de dévotion n'ont été constituez pour la plus grande partie que par des Rois, des Princes, & des Seigneurs souverains ; mais les Seigneurs de Bressieu qui possedent aujourd'hui la troisiéme Baronnie du Dauphiné étoient autrefois Souverains dans leurs Terres, & donnoient des Loix à leurs Vassaux ; c'est ce que Salvaing nous apprend dans plusieurs endroits de son Traité de l'usage des Fiefs, & surtout au chapitre 92. pages 444. & 445. ainsi ces Seigneurs étoient certainement en état de donner à une Eglise voisine de leurs terres une portion de leur domaine, & de former un Fief de dévotion pour le surplus.

Au reste, le Fief dont il s'agit entre les Parties peut être un simple Fief de dévotion, sans que l'on doive donner le même nom aux autres Fiefs, qui sont reconnus en faveur de l'Abbaye de Saint Pierre, & des autres Eglises du Dauphiné, & du Royaume ; cela dépend des titres qui sont rapportés, & c'est aussi par la discussion de ceux qu'on oppose au Comte de Valbelle qu'il est en état de prouver que le Fief dont il y est fait mention ne pourroit être regardé que comme un Fief d'honneur, ou plûtôt que ce n'est qu'un simple Fief de dévotion ; & qu'en un mot dans quelque sens qu'on le considere, il est exempt de tous droits de Lods & autres droits utiles ; c'est ce qu'il faut achever d'établir en peu de mots.

La principale objection de l'Abbé de Chabannes consiste à dire, que les Seigneurs de Bressieu ont eux - mêmes reconnu qu'ils étoient redevables à la Concession de l'Abbaye de Saint Pierre de tout ce qu'ils possedoient à Serres, & cela par ces termes qui se trouvent dans plusieurs reconnoissances, *& ea omnia quæ mihi, & meis conceduntur à dictis Abbate, Conventu & Priore, &c.*

Le Comte de Valbelle fait deux réponses à cette objection.

Premierement, tous les Fiefs qui ont été formés par la Concession d'un Seigneur, ne sont pas pour cela sujets à des droits utiles. Salvaing nous apprend le contraire, puisque selon lui les Fiefs d'honneur, les Fiefs de profit & de danger proviennent également de la Concession gratuite des Seigneurs dominans ; mais avec cette difference, que les Fiefs de profit & de danger sont devenus sujets aux droits utiles, au lieu que les Fiefs d'honneur ont tellement conservé leur origine qu'ils sont encore tenus gratuitement par les Vassaux, qui ne doivent au Seigneur que la bouche, & les mains ; or en supposant une Concession de la part de l'Abbé de Saint Pierre, il ne seroit pas possible de placer le Fief en question dans une autre classe que celle des Fiefs d'honneur.

En second lieu, il n'y a jamais eu aucune Concession de la part de l'Abbaye de S. Pierre aux Seigneurs de Breffieu ; & l'Abbé de Chabannes argumente mal-à-propos de ces termes , *& ea omnia quæ mihi conceduntur* , *&c.* Car d'un côté l'on a fait voir qu'ils étoient relatifs à une Tranfaction paffée entre les Parties par l'entremife d'Humbert de la Tour ; *Prout in inftrumento confecto fuper pace & concordiâ factâ inter nos,* *&c.* De l'autre, que les Parties ayant tranfigé de nouveau en 1322. fur toutes leurs conteftations nées & à naître , elles font convenuës d'une nouvelle formule de reconnoiffance , dans laquelle ces termes dont l'Abbé de Chabannes veut fe prévaloir ont été retranchés ; il n'en peut donc plus tirer aucun avantage ; & au contraire, le retranchement qui en a été fait comme de termes équivoques , & qui pourroient fervir de prétexte à de mauvaifes difficultés, écarte vifiblement toute idée de conceffion.

Cette prétenduë Conceffion eft détruite de plus en plus par ces termes , *& ea omnia quæ habemus , & habere poffemus in futurum* qui ont été inferés dans la nouvelle formule, à la place de ceux de l'ancienne. Car comment le Seigneur de Breffieu pouvoit-il prévoir que ce qu'il poffederoit un jour à Serres, il le tiendroit de la Conceffion de l'Abbaye de S. Pierre ? Et s'il s'eft affujetti à tenir en Fief , même ce qu'il poffederoit à l'avenir fans prévoir aucune Conceffion , fous quel prétexte penfera-t'on qu'il fût plus redevable à la Conceffion de l'Abbaye de Saint Pierre , de ce qu'il poffedoit dès-lors à Serres , & aux environs?

En vain oppofe-t'on que dans deux reconnoiffances pofterieures à la Tranfaction de 1322. on trouve encore ces termes , *& ea omnia quæ mihi conceduntur,&c.* C'eft par erreur que l'on y a fuivi l'ancienne formule au lieu de la nouvelle ; auffi voit-on dans ces deux reconnoiffances qu'il y eft uniquement parlé de l'ancienne Tranfaction paffée par l'entremife d'Humbert de la Tour , & qu'il n'y eft fait aucune mention de celle de 1322. mais on revint bientôt de cette erreur, & les deux reconnoiffances , dont l'Abbé de Chabannes argumente, ont été fuivies de deux autres, où d'un côté à la place des anciens termes qui ont été retranchés , & profcrits fans reffource , l'on trouve ceux de la nouvelle formule, dont les Parties étoient convenuës par la Tranfaction de 1322. de l'autre, pour ne plus retomber dans l'erreur , les Parties ont reciproquement promis de fe conformer dorénavant à cette Tranfaction , & de l'executer dans toutes fes claufes.

Enfin comment l'Abbé de Chabannes peut-il foutenir la prétenduë Conceffion par lui alleguée , à la vûë de la Tranfaction de 1588. où il eft ftipulé que fi le Seigneur de Breffieu acquiert par échange la moitié appartenante à l'Abbé de Saint Pierre dans la Cofeigneurie de Serres, quoique l'échange projetté doive être parfaitement égal, & quoique l'Abbaye de Saint Pierre ne concede rien à cet égard au Seigneur de Breffieu , néanmoins il tiendra cette portion de Cofeigneurie en Fief , & que ce Fief fera de même nature que celui qui fubfifte actuellement pour l'autre moitié de la même Cofeigneurie appartenante au Seigneur de Breffieu ?

Le Fief dont il s'agit n'a donc pas été formé par la conceffion des Abbés de faint Pierre ; l'on a fait voir en commençant qu'il eft
bien

bien plus naturel de penfer que les Seigneurs de Breffieu font les fondateurs du Prieuré de Serres, & qu'ils lui ont donné la moitié du Domaine qu'ils poffedoient au même lieu; mais pour ne nous point écarter de notre objet, il eft du moins indubitable qu'ils ne tiennent point ce qu'ils ont à Serres de la liberalité & de la conceffion de l'Abbaye de faint Pierre.

De-là il réfulte deux confequences; la premiere, que le Fief en queftion ne peut être fujet à des droits utiles, parce que pour les admettre il faut neceffairemant fuppofer une conceffion de la part de celui qui les demande; la feconde, que le Fief en queftion ne doit pas même être regardé comme un Fief d'honneur, puifque les Fiefs d'honneur font formés par la conceffion des Seigneurs, de même que les Fiefs de profit & de danger; il faut donc chercher quelqu'autre efpece à laquelle celui dont il s'agit puiffe convenir, & l'on fent d'abord qu'il doit être mis dans la claffe des fimples Fiefs de devotion, furtout fi l'on fait attention que les Seigneurs de Breffieu qui reconnoiffent tenir en Fief, étoient autrefois Souverains dans leurs Terres, & que la reconnoiffance eft faite en faveur d'une Eglife voifine de leurs Domaines.

Ces argumens font décififs contre la prétention de l'Abbé de Chabannes; mais fi l'on fe rappelle toutes les autres obfervations qui ont été faites fur les Titres par lui produits, l'on fera fans doute étonné qu'il ait fondé fes demandes fur des Actes qui les détruifent d'une maniere fi manifefte.

En effet, qui pourroit concilier avec l'idée d'un Fief ordinaire produifant des droits de Lods, les prérogatives qui appartiennent inconteftablement aux Seigneurs de Breffieu dans la Cofeigneurie de Serres: ce droit de juger à mort, ce *jus gladii*, qui eft le principal attribut de la haute Juftice, & qui leur appartient à l'exclufion de leur Cofeigneur; ce droit exclufif de Guet & Garde; cette faculté d'armer les Vaffaux communs pour leur propre querelle, pendant que le Prieur de Serres ne peut les employer que pour la défenfe de fon Prieuré? Seroit-il poffible de s'y méprendre, & de regarder un Cofeigneur auquel appartiennent toutes ces marques de fuperiorité comme vaffal de l'autre Cofeigneur?

Outre tous ces avantages les Seigneurs de Breffieu font perfonnellement les Gardiens & les Protecteurs du Prieuré de Serres, les Abbés de faint Pierre font obligés de reconnoître ce droit de Garde, leur reconnoiffance doit préceder celle du Fief, & c'eft à eux à faire la premiere demarche. N'eft-il pas abfurde d'imaginer qu'un Fief de cette qualité foit un Fief ordinaire? A-t-on jamais vû d'exemples d'un Seigneur qui foit protegé par fon vaffal, & qui foit obligé de le reconnoître pour fon protecteur avant que ce vaffal reconnoiffe qu'il tient en fief?

Que deviennent les demandes de l'Abbé de Chabannes à la vûë de cette claufe de la Tranfaction de 1322. par laquelle dans un cas qui doit donner lieu à la commife reciproque, on declare commis contre l'Abbé de faint Pierre fon droit de Fief, & contre le Seigneur de Breffieu fon droit de Garde feulement, & non point le Domaine & les droits qu'il poffede à Serres? A-t-on quelquefois entendu parler d'un Fief ordinaire fujet à des droits utiles, dans lequel

Q

le vaſſal ne perde point ſon fief par la commiſe , quoique le Seigneur perde ſa féodalité par un ſemblable fait ?

Eſt-il beſoin de rappeller encore dans cet endroit la reciprocité de la prohibition d'aliener portée par la même Tranſaction de 1322? jamais un Vaſſal impoſa-t-il à ſon Seigneur la loi de ne pouvoir aliener ſans ſa permiſſion , ni la féodalité ni le Fief dominant? D'ailleurs l'on conçoit d'abord que plus l'Abbé de Chabannes s'efforce de prouver que la prohibition d'aliener prononcée contre les Seigneurs de Breſſieu les aſſujettit au payement des droits de Lods en cas d'alienation , plus ſon ſyſtême doit paroître deſtitué de fondement, puiſque la prohibition étant reciproque elle aſſujettiroit également les Abbés de ſaint Pierre aux mêmes droits , & que comme gens de main-morte ils ſeroient tenus de payer des Lods tous les vingt ans aux Seigneurs de Breſſieu.

Enfin les Titres qu'on nous oppoſe emportent une excluſion formelle des droits utiles , puiſqu'ils excluent formellement l'hommage , ſans lequel les droits Seigneuriaux ne ſont pas dûs ; car pour emprunter les termes dont ſe ſert l'Abbé de Chabannes , l'hommage eſt l'aſſujettiſſement de la perſonne même du vaſſal ; mais il n'a pas répondu à la conſequence qui réſulte de cette propoſition ; c'eſt que les droits utiles ne ſont dûs que pour la mutation de l'homme : or ceſſant l'hommage , le proprietaire du Fief n'eſt point l'homme du Seigneur , & conſequemment un Fief dont l'hommage eſt exclus , n'eſt point ſujet à des droits Seigneuriaux.

L'on convient avec l'Abbé de Chabannes que l'hommage n'eſt point eſſentiel au Fief, mais les droits utiles n'en ſont pas auſſi une ſuite neceſſaire , puiſqu'il y a un grand nombre de Provinces où l'on ne reconnoît communément que des Fiefs d'honneur , & qu'il s'en trouve de cette eſpece en Dauphiné.

Envain l'Abbé de Chabannes rapporte-t-il dans trois endroits de ſes Réponſes à Cauſes d'appel, pages 10, 24 & 26 , l'exemple de la Terre de Maubec, qui ſelon lui eſt ſujette à des droits Seigneuriaux, quoiqu'en l'année 1290. Aymond de Boczoſel ait reconnu la tenir en Fief du Dauphin ſans hommage.

Cette reconnoiſſance prouve à la verité qu'originairement la Terre de Maubec étoit exempte d'hommage envers le Dauphin ; mais elle y a été aſſujettie dans la ſuite , & ſi l'on trouve dans les Regiſtres de la Chambre des Comptes de Dauphiné un don des Lods de la Terre de Maubec, accordé par Henry II. en 1553. les mêmes Regiſtres contiennent une longue ſuite d'hommages rendus , & d'aveux fournis par les proprietaires de cette Terre , & entr'autres un Acte de foi & hommage prêté le 19 Septembre 1681. & un aveu donné le 19 Decembre 1687. par le Prince d'Harcourt , qui étoit alors Seigneur de la même Terre ; il ne faut donc pas s'étonner que ce Fief devenu ſujet à l'hommage ait été en même tems aſſujetti à des droits utiles dont il étoit exempt dans ſon origine quand l'hommage en étoit exclus.

Ainſi cet exemple eſt ſans application à notre eſpece , puiſque ſans parler des prérogatives & des droits ſinguliers qui appartiennent aux Seigneurs de Breſſieu dans la Coſeigneurie de Serres , & dont les Seigneurs de Maubec n'ont certainement jamais joüi à l'é-

gard des anciens Dauphins & de nos Rois ; il y a cette difference es-
fentielle entre le Fief de la Terre de Maubec & celui dont il s'agit
ici , que l'exclusion de l'hommage portée par la Transaction de
1322. & par les reconnoissances anterieures & posterieures n'a jamais reçu d'atteinte, & que les Seigneurs de Bressieu n'ont jamais
rendu d'hommage ni fourni d'aveux & dénombremens aux Abbés de
saint Pierre.

Le moyen du Comte de Valbelle demeure donc dans toute sa force , puisque l'Abbé de Chabannes ne sçauroit prouver qu'il y ait en
Dauphiné aucun Fief qui soit en même tems exempt d'hommage
comme le nôtre, & sujet à des droits Seigneuriaux.

Enfin que répondra l'Abbé de Chabannes aux inductions qui réfultent de la premie:e clause de la Transaction de 1588. par laquelle
l'Abbé de S. Pierre concede aux Seigneurs de Bressieu la moitié à lui
appartenante dans la Bannalité des Moulins de Serres? Comme l'Abbé de S. Pierre fait par cette clause une concession, à laquelle il peut
imposer telle charge qu'il juge à propos, il ne la fait aussi qu'à la
charge d'une rente de 50 septiers de bled, depuis reduite à 20, em-
portant Seigneurie directe, Lods & autres droits utiles ; & comme
l'intention des Parties est de constituer à cet égard un Fief different
de celui que les Seigneurs de Bressieu avoient reconnu par le passé,
l'on se sert des termes consacrés pour exprimer un Fief ordinaire sujet à des droits Seigneuriaux ; au lieu de dire simplement comme
dans la seconde clause du même Acte, que si le Seigneur de Bressieu
acquiert par échange la moitié possedée par les Abbés de saint Pierre
dans la Coseigneurie de Serres, en ce cas (comme l'échange projetté
devoit être parfaitement égal) cette moitié de Coseigneurie tiendra
seulement *même nature de Fief* que l'autre moitié appartenante au Seigneur de Bressieu.

Mais quoique la difference essentielle qui se trouve entre ces deux
Clauses du même Acte, prouve évidemment la difference du Fief
qui a été constitué pour la moitié de la Bannalité des Moulins & de
celui que les Seigneurs de Bressieu avoient ci-devant reconnu ; cependant afin que l'on ne s'y trompât point, que l'on ne confondît
pas l'un avec l'autre, & que cet ancien Fief ne pût passer pour un
Fief ordinaire sujet à des droits Seigneuriaux , les Parties ont stipulé que la rente de cinquante septiers de bled faisant le prix de la
moitié de la Bannalité des Moulins n'emporteroit, *lods, milods, ven-*
tes & toute Seigneurie directe, que *sur ladite moitié de moulins tant seule-*
ment. Or il faut certainement que toutes les subtilitez cedent à l'é-
vidence de ces termes , *tant seulement*, qui emportent une exclusion
si formelle de tous droits utiles, & de toute Seigneurie directe sur
tout ce que le Seigneur de Bressieu possedoit à Serres avant la Tranfaction de 1588.

Il seroit inutile après cela de repeter toutes les autres observations que le Comte Valbelle a proposées en examinant les Titres de
l'Abbé de Chabannes.

D'un côté, la Transaction de 1322. contient un détail de plufieurs minuties pour ne laisser subfister entre les Parties aucun objet de contestation. L'on prévoit dans ce même Acte les mutations
qui pourront arriver, soit dans les Seigneurs de Bressieu, soit dans
les Abbez de Saint Pierre, & l'on stipule avec soin toutes les dé-

marches qui feront faites par les uns & par les autres à chaque muta-tion ; cependant il n'y eft fait aucune mention de droits Seigneu-riaux payables par les Seigneurs de Breffieu.

D'un autre côté, jamais il n'a été payé de pareils droits pour rai-fon de la Cofeigneurie dont il s'agit, les Abbez de Saint Pierre n'en ont jamais exigé, & l'Abbé de Chabannes eft le premier qui en demande, quoique l'adjudication de 1646. dût en produire fui-vant fon fyftême.

Enfin dans les Fiefs ordinaires fujets à des droits utiles, les Vaffaux font tenus de fournir des Aveux & dénombremens à chaque muta-tion ; néanmoins les Seigneurs de Breffieu ne font obligez par au-cun des Titres de l'Abbé de Saint Pierre, à lui donner des Aveux & dénombremens du Fief en queftion, & l'on n'en rapporte pas un feul qu'ils ayent fourni depuis cinq fiecles au moins, qu'ils ont reconnu pour la premiere fois le Fief dont il s'agit.

Ainfi tout concourt à prouver que le Fief en queftion n'eft point un Fief ordinaire produifant des droits Seigneuriaux, il ne pour-roit être confideré que comme un Fief d'honneur, s'il eut été formé par la conceffion des Abbez de Saint Pierre ; mais n'y en ayant ja-mais eu aucune de leur part, on ne peut le regarder que comme un fimple Fief de devotion.

CONCLUSION.

Quelque fens que l'on donne à cette affaire, la prétention de l'Abbé de Chabannes eft infoutenable, & les conclufions du Comte de Valbelle ne font fufceptibles d'aucun doute : Tous les Fiefs fe prefcrivent en Dauphiné par cent ans, & cette prefcription cente-naire eft acquife dans notre efpece par une inaction & un filence de cent quarante années ; d'ailleurs les Abbez de Saint Pierre ont eux-mêmes rompu les engagemens du Seigneur de Breffieu, en fecouant le joug des obligations qu'ils avoient contractées envers lui ; ainfi tous les Titres qu'on nous oppofe font prefcrits & caducs. Suppo-fons néanmoins qu'ils foient encore dans toute leur force : le Comte de Suze a vendu au Comte de Valbelle la Cofeigneurie de Serres comme allodiale ; fi donc elle fe trouvoit d'une autre nature, il fau-droit neceffairement prononcer la réfolution de cette vente ; & les Titres même de l'Abbé de Chabannes contiennent un autre motif pour la réfoudre, puifque fuivant l'un de ces Titres la Cofeigneu-rie de Serres eft inaliénable, ou du moins ne peut être alienée fans le confentement des Abbez de Saint Pierre : or que la réfolution de la vente dont il s'agit foit prononcée par l'un ou par l'autre motif, toutes les demandes de l'Abbé de Chabannes tombent également. Enfin les Titres dont il veut fe prévaloir ne donnent l'idée que d'un fimple Fief de dévotion, & il n'eft pas poffible de le regarder com-me un Fief ordinaire produifant des droits Seigneuriaux.

Monfieur DE VIENNE, Rapporteur.

Me MENARD, Avocat.

THOURETTE, Proc.

A PARIS, de l'Imprimerie d'André Knapen, au bas du Pont S. Michel. 1730.